擊退匆忙症

釘子心理互助組　著

非凡出版

U0061932

自序 👤

就在本書快要完稿的時候，發生了一件事。當時我在地下停車場倒車，居然與另一輛車發生碰撞。警員接報到場後也納悶：「偌大的停車場，就你們兩輛車，怎會撞在一起呢？」

事後細想，我倒車之際忙着想書稿的事情，分了心，走了神，而對方也正急忙趕赴約會。結果兩輛毫不相干的車，卻因駕駛者同樣匆忙，「砰」的一聲撞上了。

日本著名企業家稻盛和夫說：「心不喚物，物不至。」很多怪事、壞事、麻煩事、低概率的事之所以發生，都源於匆忙的心。在瞬息萬變的今天，匆忙無所不在。我們邊打電話邊駕車，恨不得同時完成多件事情；我們害怕被「out（淘汰）」，做每件事都爭分奪秒；我們總擔心錯過些甚麼，不停掃 Facebook、Instagram……正如內地歌手郝雲所唱：「慌慌張張，匆匆忙忙，為何生活總是這樣。」

忙，並不是一件壞事，說明有事可做，能讓人感到充實。但是，當一個人忙得來不及思考，暈頭轉向，連現實也看不清時，這種令人暈眩的忙，就變成了一種病，即本書所探討的「匆忙症（Hurry sickness）」。

無論是開車，還是做其他事，人在一定時間內，能做的事情畢竟是有限的；可是，當人們急切地想要在較短的時間內做完更多的事情時，內心就會扭曲，動作就會變形。匆忙症的特徵之一，是反應快，但這種快，不是聰明，而是一種思維奔逸（flight of thought），飄浮不定，總是從一個念頭快轉到另一個念頭，

· · · · · · · · · ·

總是不能抓住當下，往往在事情的來龍去脈還未弄清楚前，就急忙採取行動。

還記得多年前那次搶鹽風波嗎？

二〇一一年三月十一日，東日本大地震引發福島核事故；內地此時則掀起一場瘋狂的搶鹽鬧劇，起因是兩則網絡謠言：一、吃碘鹽可防輻射；二、海鹽會被污染。一夜之間，多地超市的食鹽遭搶購一空，更有人一口氣買下一萬三千斤鹽，估計幾輩子也吃不完。搶鹽風波雖然很快就過去了，但匆忙症所表現出來的從眾效應（Bandwagon effect）並未消失。

匆忙症的危害罄竹難書，天下苦之久矣——

它讓我們成為輿論、謠言，以及各種潮流的奴隸；

它讓我們的生活像一個高速轉動的陀螺，神經繃緊，甚至歇斯底里；

它讓我們的身體承受着巨大的壓力，血壓飆升，極度疲憊；

它讓我們的心靈失去活力，變得僵化、死板、麻木不仁，猶如一部冰冷的機器；

它讓我們喪失了同情心、同理心，以及對生命的敬畏，把人類變成仿如沒有靈魂的「喪屍」……

患上匆忙症的人，無論做任何事，在任何層次上，都是一團混亂的。作為釘子心理互助組的成員，我本人就深受匆忙症困擾，也知道這意味着心理出現了毛病，如果不徹底消除，長期處於緊張、焦慮、疲倦及身不由己的狀態，無疑會影響工作效率，降低幸福感，阻礙心靈的成長和心智的成熟。

美國作家梭羅（Henry D. Thoreau）說：「我願意深深地扎入生活，吮盡生活的骨髓，過得實在、簡單，把一切不屬於生活的內容全部剔除……」

願我們都能像釘子一樣，深入生活，深入內心，剔除焦慮、虛榮和煩瑣，在這世界活得實在、簡單。

涂道坤
釘子心理互助組

目錄

第一章

危害

匆忙無間斷　身心瀕失控

1.1 匆忙的危害
尤甚於拖延

本書以大量個案為經緯，解構匆忙症這種常見都市病。而首宗案例，讓我們先用拖延症（Procrastination）作為引子：

Case #01

「死線」臨頭的 Crystal

清晨，溫暖的陽光透入窗戶，灑在 Crystal 憔悴的臉上，向來充滿青春活力的她，現在不願起床，不願吃飯。這源於一次由公司安排的體檢，完成後，她遲遲沒去領取體檢報告，醫務所曾多番來電催促，她都找各種各樣的藉口一拖再拖。

其實，Crystal 一直不領取報告，最主要原因是害怕，她擔心會在報告上看到「XX 癌」或其他重大隱疾，故她寧可一直逃避。直到一天，醫務所來電下最後通牒：「如果再不來領取，就會刪除你的體檢報告，後果自負！」Crystal 雖然害怕看到不好的體檢報告，但更不欲承擔後果，最終忐忑不安地取了報告——結果顯示她相當健康，沒有甚麼隱疾！

若非醫務所為 Crystal 設下「死線」（deadline），恐怕她還會無了期地拖延。她可能沒有意識到，自己在拖延領取體檢報告。

船長・猴子・恐慌獸

拖延症是如何產生的？在美國 TED 大會*上，曾有一場關於拖延症的演講，闡述大腦裏「船長、猴子與恐慌獸」的關係。

事實上，人類大腦絕對有能力作出理智判斷，告訴我們事情的輕重緩急，也能合理地安排各類待辦項目的完成時間，並綜合現存資訊訂定最適切的規劃，這項能力由正直、明白事理的「船長（Rational Decision-Maker）」所掌管。大腦裏其他一般角色，只要聽從船長命令，就能按部就班完成所有任務，毋須面對由拖延所衍生的焦慮、罪惡感和自我否定。

> **及時行樂猴最喜歡搶着掌舵！**

不過，大腦中還有一隻活潑好動的猴子，名叫「及時行樂猴（Instant Gratification Monkey）」，牠最喜歡搶着掌舵。舉例說，我們有一個月的時間去完成某件事，船長告訴我們現在開始動手，往後每天花一個小時就能輕鬆搞定；可是猴子偏要不時跑出來問東問西：「我好想知道香蕉的營養成分，快查一下。」「黑天鵝事件到底是甚麼意思？」「去看看雪櫃還有甚麼食物，會不會跟十分鐘前不同？」

每當猴子跳出來，牠就會搶去掌舵位置，船長無法應付，結果我們就按着猴子的指令，擱下要辦的事，浪費了一天又一天。

及時行樂猴只能感受當下，毫無時間觀念，牠只會追求兩

---

*TED 是 Technology, Entertainment, Design（技術、娛樂、設計）的縮寫，該大會每年邀集一眾在科學、設計、文學、音樂等領域的傑出人物，分享關於技術、社會、人文等方面的思考和探索。

件事：簡單、快樂。儘管簡單快樂的事不是完全沒有意義，但猴子掌舵畢竟非長久之計，待辦事項也不會自行解決消失。船長無法跟猴子講道理，唯有等待猴子唯一懼怕的「恐慌獸（Panic Monster）」現身。恐慌獸雖然可趕走猴子，讓船長重新掌舵，但恐慌獸常年休眠，只有「死線」才能喚醒牠。恐慌獸出現，就代表我們不得不去做的時候到了。

拖延症其實關乎大腦內「船長、及時行樂猴與恐慌獸」三者之間的互動關係。

　　船長、及時行樂猴和恐慌獸三者之間的明爭暗鬥，便是拖延症患者腦袋裏的日常。這似乎能解釋「設下最終限期有助促進生產力」的現象。假如大腦裏的恐慌獸一直不醒過來，你很容易就會被猴子控制，過着貌似「簡單、快樂」的生活，但其實只是在為拖延找藉口。大腦由猴子掌舵，架空船長，拖延便不可避免。

　　探討了拖延症的成因後，我們接着探討匆忙症（Hurry sickness）的源起和危害。

Case #02

由朝早匆忙至夜晚的 CHERRY

Cherry 是一位資深會計師，她每天拚命工作，由早到晚幾乎每分每刻都排滿了工作。她曾對心理治療師吐露心聲：「每當我對工作稍有一絲倦怠之際，總會感到內疚羞愧。」

也許，大多數人會以為 Cherry 的工作效率卓越，應可獲得公司的賞識和器重，但老闆原來對她評價很低。

「你覺得 Cherry 工作表現如何？」心理治療師曾向 Cherry 的老闆詢問。

老闆直言：「她每天忙個不停，卻總是事倍功半。例如其他會計師處理一個問題時，會先用一個小時仔細思考，想清想楚後，再花半個小時就把問題解決；相反，Cherry 還未弄清楚問題就急着採取行動，結果手忙腳亂了幾個小時還未能解決問題，她還要經常抱怨工作太多，公司要求太嚴格，老實說，與她共事並不愉快。」

Cherry 事必躬親，常常主動開 OT 加班，她總覺得自己有做不完的事情。一位同事形容，Cherry 神經緊張，容易激動發火；又有同事說 Cherry 腦袋轉得很快，總是從一件事情快速跳到另一件事情上，正在做 A 項目，卻想着 B 項目，無法長時間專注做好一件事。

上述個案的主角 Cherry，她大腦裏的「恐慌獸」雖然嚇跑「及時行樂猴」，卻同時架空了「船長」，自行掌舵。恐慌獸的問題在於無法把精力集中在當下，牠總是停留在過去的傷害和教訓中——「別忘記上次吃的虧」、「還記得那次教訓嗎」、「不能再犯過去的錯誤了」，或是對未來憂心忡忡——「若我不能按時完成工作，一定會被老闆大罵」、「如果被炒魷魚，怎辦」。

恐慌獸掌舵，船長束手，及時行樂猴不知躲在哪裏，這時大腦再也無法作出理智判斷和統籌各項事情主次，只懂不斷把「死線」往前移，在每件事上都表現得緊張、倉促、手忙腳亂，這就是匆忙症的產生成因。

● ● ●

Case #03

Riva 陷入了時間荒

畢業於名牌大學的 Riva，結婚生子後放棄工作，成為全職家庭主婦。她原以為可享受清閒，豈料反而變得更忙，從早到晚繞着廚房、孩子、老公團團轉，以柴米油鹽醬醋茶為伴，覺得時間不夠用，陷入「時間荒」。她曾嘗試跟丈夫溝通：「你早些回家，多陪陪兒子，好不好？」

老公有點生氣地答：「我早些回家湊仔，那你做甚麼？你教不好孩子，連家頭細務也管不好！」

Riva 聞言委屈地流下眼淚，老公根本不理解她有多辛苦，還出言埋怨！

決定當上全職主婦後，Riva 本來就擔心丈夫會嫌她管不好家事，這種憂慮一直揮之不去，使她沒法冷靜地認真思考問題本質。她就彷彿是一片浮在事情表面的落葉，被焦慮的風吹來吹去，每天忙忙碌碌倦透了，不僅拖垮了自己，連婚姻關係也岌岌可危。

匆忙削耐性　工作白忙碌

　　托尼・帕爾默（Tony Palmer）是電影導演兼作家，其作品曾奪得四十多項國際大獎，當中包括十二項紐約國際電影電視節金獎，以及多項英國電影學院獎和艾美獎，他說：「匆忙比拖延更可怕，對影視工作來說，匆忙是一場巨大的災難，往往導致粗製濫造的作品，浪費大量金錢、資源、精力和寶貴時間。」

> 匆忙是一場巨大的災難，
> 往往導致粗製濫造的作品。

　　其實，何止影視工作，做任何事情都不能匆忙，而是需要付出耐心、韌性和實實在在的時間。匆忙的破壞性在於失去耐性，草率行事，問題甫出現就想馬上解決，否則就吃不下飯，睡不着覺，思緒煩亂，猶如熱鍋上的螞蟻。匆忙的人會第一時間把自己暴露在問題面前，硬碰硬去解決，不給自己太多思考問題的時間，也沒留太多騰挪空間和迴旋餘地，總以為頂硬上、三爬兩撥就能讓問題迎刃而解。

　　顯然，這種態度既天真亦不切實際，不但無助解決事情，還會越忙越亂，使問題變得更複雜、更難處理，最終令自己陷入挫敗、沮喪、煩惱和焦慮之中。這種心態，正正是本書要探討的「匆忙症」。

　　匆忙症患者比比皆是，他們每天都忙忙碌碌，急於解決各式各樣問題，總覺得時間不夠用，內心無時無刻不處於緊張和焦慮的狀態，難得浮生半日閒，這些人的口頭禪是「真的很忙」、「現在沒空」、「好煩」、「沒時間了」。不過，就算他們忙得不可開交，卻分不清事情的主次和輕重緩急。正如會計師 Cherry 的老闆所形容，她會把所有事情都看得像生死那般重要，想到就做，

其實茫無頭緒，工作始終亂成一片。

愛德華・哈洛威爾（Edward Hallowell）是研究專注力失調及過度活躍症（Attention deficit hyperactivity disorder, ADHD）的專家，他形容匆忙症患者「總是匆匆忙忙，不論在何時何地都感到不耐煩，他們喜歡速度快，容易心灰意冷，在工作或談話的過程中容易偏離主題，因為別的念頭不斷分散他們的注意力……面對堆積如山的工作總是無能為力，總是感覺忙得不可開交，但實際上根本甚麼都沒做」。

當一個人忙個不停，卻一直沒有重點、沒有目標、沒有結果，他其實已經從匆忙演變成原地踏步空轉的白忙碌，亦即患上了匆忙症。

匆忙症是心理出現了毛病，如果不徹底根治，長時間處於緊張、焦慮、疲倦和身不由己的狀態，無疑會影響工作效率和幸福感，阻礙心靈成長和心智的成熟。

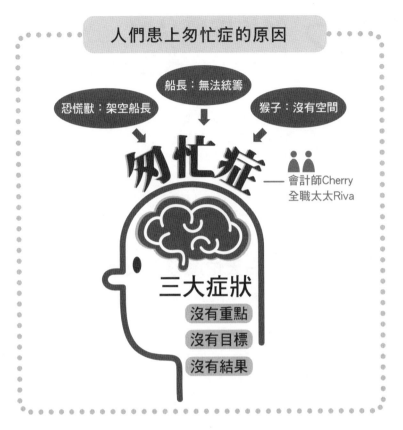

人們患上匆忙症的原因

船長：無法統籌

恐慌獸：架空船長

猴子：沒有空間

匆忙症

── 會計師Cherry
全職太太Riva

三大症狀

沒有重點
沒有目標
沒有結果

1.2 匆忙摧殘身體 禍及心靈

患上匆忙症的人日常有甚麼具體行為症狀表現？
讓我們看看另一宗個案。

Case #04

LEO 白天忙爆 晚上失眠

　　鬧鐘響起，負責客戶服務工作的 Leo 無精打采地起床，匆匆換好衣服，用手撥了兩下頭髮便出門，隨便買了個麵包，邊吃邊走向地鐵站。他在列車車門關上前一刻擠進車廂，到站後下車，他加快腳步超越其他行色匆匆的人，搶着鑽進電梯。回到辦公室，他先後參與了五分鐘的早會、十分鐘的小組討論會、半小時的客戶會議後，還要向不同部門進行各式各樣的彙報，整個上午就在一片匆忙之下過去了。

　　Leo 囫圇吞棗地吃完午餐，下午的工作又開始了。他每天要打約三百個電話，包括向客戶跟進售後服務、處理投訴、引導新客戶購買公司產品……，由於害怕打不完電話、達不到工作指標，他對話時語速很快，又經常打斷客戶的話，一味硬銷公司的新產品，導致他與客戶交流時經常不歡而散。

　　下班後，Leo 懷着抱怨、憤怒心情，拖着疲憊的身體回家吃飯洗睡。躺到床上，他還在思考明天的工作電話該怎麼打，想着想着，他又失眠了。第二天，他還得重複如此忙碌的生活。患上匆忙症的 Leo 處於持續的匆忙和焦慮之中，白天恐慌，晚上失眠，生活和工作均已處於失控狀態。

針對匆忙症，美國權威心理學雜誌《今日心理學》（*Psychology Today*）在一份研究報告中，作出以下定義：

一種以持續匆忙和焦慮為特徵的行為模式；一種強烈且持續的緊迫感；一種讓人覺得長期時間不夠用的不適感。匆忙症患者傾向於快速執行每個任務，如果有所耽擱，就會陷入慌亂。

(A behavior pattern characterized by continual rushing and anxiousness; an overwhelming and continual sense of urgency. A malaise in which a person feels chronically short of time, and so tends to perform every task faster and to get flustered when encountering any kind of delay.)

微軟 Encarta 數碼百科全書的英語詞典（Encarta Dictionaries）對匆忙症的定義則是：

一種不停奔波於不同事件所引起的現代病；一種想要迅速完成一切的衝動；一種長期的時間短缺感；會引發焦慮和失眠等症狀。

(A modern malady caused by rushing about: a compulsion to do everything quickly, or a chronic feeling of being short of time, attributed to the fast pace of modern life and causing symptoms such as anxiety and insomnia.)

從匆忙症概念中的「緊迫感」、「衝動」、「短缺感」和「焦慮」等關鍵詞不難看出，匆忙症不只是身體和行為上的忙碌，更是一種內心的緊張、浮躁、焦慮和無序。至於肉眼捕捉到的奔波與疲憊，只不過是匆忙症的外在表現而已。

有關匆忙症帶來的危害，心理學家羅斯瑪麗．索德（Rosemary Sword）和菲利普．津巴多（Philip Zimbardo）曾於雜誌撰文寫道：「我們可以努力努力再努力，讓自己生活得像

高速旋轉的陀螺，但我們的身體、精神和情緒遲早會崩潰。我們的身體和心靈無法承受持續壓力。一旦壓力過大，血壓會飆升，最終停留在高水平，無法降下來，心臟將不堪負荷；我們的脾氣會變得暴躁易怒，生活和工作會完全失控，並為此感到沮喪、疲憊和痛苦。」（We can try to sustain living at breakneck speed but sooner or later, physically, mentally and/or emotionally we fall apart. Our bodies - and minds - weren't meant to endure continual stress. Blood pressure spikes - and eventually remains at an elevated level, hearts wear out, we become irritable and easily angered, and we get upset - sometimes to the point of weeping - from frustration and exhaustion.）兩人還列舉了一些匆忙症患者的具體表現：

- 總感覺時間不夠，做每件事都很快，遇到任何耽擱就會心慌。

- 走路快、吃飯快、說話快、開車快，常常會打斷別人說話，沒耐心聽別人把話講完，這意味着他們可能是不好相處的同事。

- 排隊時（若有多條人龍）總是過隔一會兒換一條隊，似乎覺得別的行列比自己排的人數較少。

- 駕車時不斷超車，遇到紅燈就抱怨、生氣，假如前車速度慢，就會按喇叭表達不滿，常被視為「浮躁」駕駛者。

- 經常在同一時間處理多項任務，以至於忘記其中一項任務。

- 日常走路時，即使沒有甚麼緊要事，也會不由自主地加快腳步，因為「快」已經變成了習慣。

- 手上做着一件事，心裏卻想着另一件事，內心很難寧靜下來。

- 睡覺時仍想着第二天要做的事，並因此常常失眠。

匆忙症的定義及表現

定義

《今日心理學》	《Encarta 英語詞典》
匆忙行為　不適感	現代病　時間短缺感
緊迫感　慌亂	完成的衝動　焦慮和失眠

表現

🚶 身體和行為上的忙碌

💗 內心的緊張、浮躁、焦慮和無序

　　匆忙症是心理問題，但也會導致身體問題，最可怕的是，其影響迅猛、持久且廣泛。尤其是我們身處新經濟（New Economy）*快速轉型期，社會不斷有翻天覆地的改變，一切事情都充滿了變數和不確定性，更令人焦慮。神經緊張的人會時刻睜大雙眼，死盯着瞬息萬變的人和事，為免錯失任何機會，恨不得把每一天的每一分鐘都用得淋漓盡致，絲毫不敢鬆懈……最終導致自己變得匆忙、無序，身體和心靈均受到摧殘。

---

* 新經濟，意指從傳統以製造業為主的經濟型態，自上世紀九十年代開始，逐步轉至近年以科技產業為主的新經濟型態。

1.3 陷入匆忙泥沼 容易交上惡運

我們再看一個案例，了解一下匆忙症可以令患者的生活變得多麼倒霉。

Case #05

BENJAMIN 自嘲生活失控如癲狗

當 Benjamin 步入心理治療師的辦公室之際，手機鈴聲連隨響了起來，他看了心理治療師一眼，帶點歉意地說：「不好意思，我先聽個電話。」

「請便。」

「喂，是我，知道了，你不用再說了，我現在不方便講電話⋯⋯甚麼？有那麼嚴重嗎？好，我馬上找王律師！」Benjamin 語氣顯得煩躁不安，談完電話後，他尷尬地說：「對不起，我遲到了，耽誤你看診的時間，但我還有一個重要電話要打⋯⋯」

「沒問題。」心理治療師微笑着回答。

「喂，王律師嗎？有項緊急事情需要馬上處理，你下午有時間嗎？晚上也 OK，嗯，今晚見！」Benjamin 是裝修公司的部門經理，他放下手機後，重重地嘆了口氣：「請見諒，今天真倒霉。唉！我的生活忙得像隻癲狗，總是弄到一頭煙。」

「發生了甚麼事？」心理治療師好奇問。

「今早臨出門時，我怎也找不到前一晚擬定好的採購清單，整整耽誤了一個小時出門。我決意追回時間，想着想着，不自覺地猛踩油門，結果超速被抄牌。在採購物料時，由於記掛着超速的事，付款時才發現自己忘了帶銀包。惡運還未結束，剛才工地負責人來電，說裝修材料遲遲未到令工期延誤，客戶要控告我。唉，為何會這麼倒霉？」

不知讀者們有沒有類似的經歷，當你急着去做一件事，常常會忙中有錯，結果連串失誤接踵而至，一波三折，仿彿整個世界都在跟你作對，一切都失去了控制。心理治療師雖然只是第一次見 Benjamin，但已發覺其匆忙症表徵十分明顯。許多時候，忙，並不是一件壞事，說明有事可做，會讓人感到充實。這是一種正常的忙，人們可在忙碌中獲得存在感，提高自我價值。

然而，Benjamin 的忙卻情況不妙，那是一種忙亂和無序，無法帶來任何充實感，只會讓他覺得生活像一隻癲狗，完全不受管控。更重要的是，這種忙亂和無序會嚴重影響他的自我認知，重創其自尊心，貶損自我價值。

儘管匆忙症的危害那麼深遠巨大，但患者往往對此毫無自覺，因為他們似乎已經對病態的心理習以為常。當他們的生活和工作因匆忙症而變得混亂不堪，身體遭折磨至筋疲力盡，內心感到極度焦慮和自卑時，只會一味把情況歸咎於運氣不佳或其他別的因素。

匆忙症四大特徵

看着狼狽不堪的 Benjamin，心理治療師說：「的確如你所言，你今天的生活完全失控，倒霉事接踵而至。」

「謝謝你的諒解，今天真是十分黑仔。」對方的話，讓 Benjamin 稍微放鬆了一些。

「你怎麼會想到來找我？」

「最近我的壓力很大，很多事情都不順心，經常失眠和工作出錯，注意力也不集中。總是覺得很多地方『唔多妥』，老闆就勸我來找你，說可能有幫助。」

這時 Benjamin 的手機又響了起來，他關掉手機，再次向心理治療師致歉：「我的生活和工作就是這樣，總是不停地接電話、打電話，忙得像轉不停的陀螺。」

「你有沒有想過今天的生活為何會這麼亂呢？」

「恐怕這跟我的工作性質有關吧……」

「你的同事也和你一樣嗎？」

「唔……不，雖然他們也很忙，但似乎沒我那麼混亂！」Benjamin 能坦誠作答是一個好開始，有利於深入對話，逐步挖出問題根源，他以略帶緊張和害怕的語氣提問：「我會否患上了甚麼疾病？或者腦子有甚麼問題？」顯然，他的自我價值觀開始動搖了，自尊心正承受壓力，如果任由匆忙症繼續惡化下去，不作干預，他的人生肯定會爆出更嚴重問題。

「你不必懷疑自己，在我看來，你的身體很健康，大腦也沒有甚麼毛病，一切都很正常，只不過，你可能患上了匆忙症。」

「匆忙症？有這種病的嗎？我從來沒聽過……」

在接下來的一小時裏，心理治療師向 Benjamin 解釋了何謂匆忙症，以及其特徵、表現。匆忙症患者有四種重要特徵：

一）迫不及待，急於求成；

二）行動前不仔細思考，衝動行事；

三）在行動過程中力量分散，注意力不集中；

四）做事結果一團糟，一切都失去了控制。

第一特徵 —— 迫不及待　急於求成

數天前，Keith 致電給他認識的一位心理治療師朋友，說自己最近工作壓力很大，經常失眠，希望對方能推薦一些有效的減壓方法。Keith 擔任一家醫院的危機公關主管，最近醫院發生不少醫患糾紛，每每要他緊急「滅火」調解。一旦處理不好，他就會受到醫院高層訓斥與社會各界批評。

針對 Keith 來電求助，心理治療師朋友趕忙把一齣自己非常喜歡的治癒系電影推薦給對方。但僅僅過了十分鐘，Keith 又來電，劈頭就問：「還有別的方法嗎？我覺得這招不太見效。」

「電影才剛播了十分鐘，你怎麼就知道無效呢？」

「呃，我是用 fast play（快轉）看的。」Keith 回答。

朋友聞言啼笑皆非，快轉看電影恐怕連畫面都看不清楚，浮光掠影，無法了解故事完整內容，又怎能理解箇中含義，起到減壓作用？於是有感而發道：「如果一味選擇 fast play，你的世界會變得模糊！」

但遺憾的是，人們常常用「快轉」的方式來對待生活和工作，急速地說話、辦事、趕路，剛開始接手一件事，就恨不得馬上做完，心急看結果。Keith 對結果的迫不及待、對過程的刻意省略，正是匆忙症的第一個特徵。

迫不及待源自急於求成，這種心態會讓人們變得失去耐心，討厭等待。譬如前車行駛得稍微慢一點，我們就發脾氣甚至響號宣示不滿；遇到航班 delay，我們會滿腹抱怨；飛機着陸還未停穩，我們就迫不及待地離開座位，忙着拿行李。

> 在生活和工作時總是按下「快轉」，
> 世界只會變得模糊不清。

當一個人陷入迫不及待的心態，也會折射到其生活和工作上各個層面，Jason 就是這樣。他是一家廣告公司的高層管理人員，如果下屬開會時遲到幾分鐘，他就會大發脾氣；提交予董事會的計劃書若沒有盡快獲覆，他會煩躁不安。此外，他還抱持這種心態教養孩子，下班回家後，若 Jason 看到三歲大的兒子在哭鬧，就會大發雷霆，把孩子嚇得停止哭鬧，縮成一團。Jason 還自鳴得意，以為教子有方。

三歲孩子正處於活潑好動時期，這是幼兒心理發展不可或缺的一個階段，需要父母以極大的耐心去理解、陪伴和引導，助兒童心理健康發展。可是，Jason 想省去理解、陪伴和引導的過程，用簡單粗暴的方式快速讓孩子停止哭鬧，這種行為無疑會在孩子心裏留下陰影，影響其心智發展。追本溯源，這也是 Jason

急於求成的心態作祟。

常言道：「帶着迫不及待的心情出發，就已經失敗了一大半。」事實上，我們需要更多的耐心。耐心是人類最優秀的品性之一，不僅能讓我們等待和忍耐，更關鍵是能讓人安靜下來，看清事情來龍去脈，不會盲目地匆忙行動。

美國催眠師斯蒂芬·吉利根（Stephen Gilligan）說：「把問題保持在一個清澈的水池中，看看有沒有一朵蓮花綻放。」如果你在生活和工作時總是按下「快轉」，你的世界只會變得模糊不清，心態上變得迫不及待；帶着這種心態出發，目光只緊盯結果，你很可能已站在失敗邊緣。

第二特徵 —— 缺乏思考 衝動行事

速度太快，導致無法思考；衝動行事，導致不計後果。快得無法思考——這是匆忙症的第二個重要特徵，它有三層含義：

第一層含義：我們處在一個快速變化的時代，互聯網和流動通訊徹底改變了訊息交流和傳播的方式，呈現出以下特點——

- 速度快；

- 傳播廣；

- 滲透性強；

- 目標精準；

- 全天候轟炸；

- 變幻莫測；

- 防不勝防。

　　根據市場研究機構拉迪卡蒂集團（Radicati Group）調查估算，假如人們一天工作八小時，每小時會接觸三十六則廣告、十二封郵件，還有不計其數的 Facebook 訊息。而這些僅屬冰山一角，還未計算即時新聞、手機來電、網上影片和圖像、來自 Twitter 與 WhatsApp 等軟件的訊息。上述媒介均帶有強迫性，每當新消息傳來時都會發出提示，通知用戶觀看。面對這些傳播迅速、無孔不入的訊息，人們往往應接不暇，根本沒有時間去思考、消化、吸收，遑論分辨內容的真偽虛實。

　　第二層含意：當大腦轉得太快的時候，在亢奮、緊張和浮躁的狀態下，我們就會失去冷靜思考的能力。在一次企業員工培訓課程上，講師提問：「目前世界上最快的東西是甚麼？」有人說是飛機，有人說是火箭……而講師的答案則是人們腦袋裏的想法。一個人乘飛機從紐約到香港約需十六小時，而大腦中的念頭卻可以在一瞬間完成。當然，有人反問，腦內所想純屬虛幻，並非真實存在之物，這個說法很有意思，涉及匆忙症的本質。

　　心理學最大發現之一，是心理可扭曲現實，並以扭曲的現實為基礎產生相應的想法、情緒和行為。匆忙症的問題就是試圖把大腦中虛幻的想法當成現實，把想像的速度當成現實的速度，從而讓心理和行為跟客觀現實嚴重脫節。具體運作機制是大腦先進行高速運轉，冒出許多想法，跟着讓腦袋發熱發燙，最終失去冷靜思考的能力。

　　舉例說，當你迫不及待想到日本旅行時，你腦海是否在飛快運轉，不斷閃出東京各種娛樂、京阪神名勝和日本美食的畫面？如果碰巧你的戀人身在日本，你會否更迫不及待、心馳神往，以

至於輾轉反側，夜不能寐？當大腦開啟了浮想聯翩的模式，冒出很多想法之後，腦袋便會處於亢奮和發熱的狀態，變得執着，不再冷靜，也不能進行理性思考，這時很容易衝動行事。就像一個人看到超市或網店的超低價促銷廣告，往往會一時衝動，忍不住搶購平貨，哪還有空檔顧慮是否用得着？

第三層含意：當你的大腦執着於一個目標，且迫不及待想付諸現實時，就會陷入心理學上的隧道效應（Tunnel effect）思維模式，眼睛只盯着目標，忽略旁邊的東西。即使腳下有陷阱，也會視而不見。例如前述個案中的裝修公司部門經理 Benjamin，當他執着於目標──必定要追回耽誤了的時間，這時其腦袋處於過熱、焦灼的狀態，無法冷靜地思考客觀形勢，只會沉溺於個人主觀想法中，一葉障目，最終導致他不自覺地超速駕駛。

此外，這種病態心理還會影響旁人對你的評價和信任。再以 Benjamin 為例，他在工作過程中招惹了那麼多不必要的麻煩，最後提心吊膽、跟跟蹌蹌地勉強完成任務。試想，若他一直處於這種狀態，老闆還會對他放心嗎？還會信任他嗎？實際上，老闆勸他去找心理治療師，就是希望 Benjamin 的工作別再出亂子。

缺乏思考 衝動行事的三重含義

面對情況	心理變化
1. 海量密雜資訊	無暇思考、消化、吸收，遑論分辨消息真偽
2. 大腦急速運轉	意識逐漸亢奮浮躁，失去冷靜思考的能力
3. 執着單一目標	陷入心理學上的隧道效應，導致一葉障目

第三特徵 ── 注意力分散

從事資訊科技（IT）行業至今已經十多年的 Chapman，現職手機售後服務經理。有人問他：「一般來店裏修理手機的人，普遍遇上甚麼機件問題？」Chapman 用手指在空中比畫了一個動作，拉長着臉說：「手機入水。」

「為甚麼？」對方語帶好奇地追問。

「很多人，特別是女性，很喜歡一邊上洗手間，一邊看手機，一不小心手機就會掉進馬桶裏。」Chapman 解釋。

「原來如此！」對方笑了笑。

「就是這樣，在我曾就職過的所有公司裏，經手處理最多的故障問題，就是手機入水。」

不知大家有沒有試過一邊如廁一邊看手機，結果不慎讓手機入水，須拿去維修。如果你手上正在做一件事情，心裏又想着另一件事情，你很可能已經踏在匆忙症的路上了。

匆忙症患者往往自以為腦子轉得快，反應迅速，可以同時處理兩件以上的事情。不過，人類真的可以一心多用，同時處理許多事情嗎？不是不可以，但往往所有事情都做不好。

> **部份人抱有一種錯覺，自以為可游刃有餘地一心多用。**

一般來說，我們自兩三歲開始接受如廁訓練，經過幾十年，上廁所不費吹灰之力；而看手機也是舉手之勞。但這兩件簡單得不能再簡單的事情，假如同時做，也會讓人手忙腳亂，頻頻出錯，甚至弄得手機入水故障，更何況其他事情呢？

　　社會中每一個人都擁有不同的身份，可以同時是僱員／老闆、父／母親、兒女、戀人、朋友、同學……這意味着我們每天都要做不同的事情，既要努力工作，又要照顧親人、聯繫朋友，有時還要處理突發事件，人人如是，沒有例外。然而，部分人會患上匆忙症，是因為他們抱有一種錯覺，自以為可游刃有餘地一心多用。

　　只要稍加留意，就會發現身邊有很多人喜歡在工作時瀏覽購物網站或跟朋友聊天，在休息時又惦記着工作，經常「身在曹營心在漢」。或許正在閱讀這本書的你也不例外？

　　亦有人會一邊打文件，一邊想像自己穿上新買衣服時是甚麼模樣，又或偶爾八卦一下朋友圈的新消息；用膳期間，我們仍不斷查閱電郵，以免錯失任何重要訊息。

　　上述行為皆源於對多重身份的美好設想，希望自己既是優秀職員，又是光鮮亮麗的時尚達人，還要跟朋友保持密切聯繫，力求每個身份都能發光發熱，盡全力抓緊生活中的一切，不管重要與否都列入每天待辦清單，隨時同步處理。就像 Winni，她每一天都是從心神不安的狀態開始。當聽到鬧鐘響起，她腦裏就嘭地彈出一連串待辦事項：

- 今個星期一定要提交工作報告了，老闆上次催促時語氣不善；

- 給客戶的 PPT（PowerPoint）也要盡早完成，若簽到這張單，年終獎金起碼多一倍；

- 週末要籌備與男友拍拖三週年晚餐，去年由他作主，結果那間餐廳的東西超難吃；

- 母親的生日就快到了，該送甚麼禮物？

- 哎！應承了幫閨密挑選辦婚禮的酒店，不知道要花多少時間？

想着想着，Winni 忽然覺得煩惱之極，還沒起床，就已經沒有精神了。事實上，她並非日理萬機的大人物，她只是貿易公司的採購員，跟大多數人一樣，有工作，有戀人，有自己的朋友圈和小喜好，對未來懷抱小小的希望和憧憬。

Winni 每天都忙碌地扮演好幾個角色。她曾經相當享受這種忙，認為代表自己生活得很有意義。但不知從何時開始，她心裏漸漸滲出別的滋味，發覺忙碌並沒帶來理想結果，即使很努力去做每一件事，卻永遠有別的事來不及去辦，永遠有意想不到的紕漏出現，永遠無法讓身邊的人包括自己感到滿意。

「為甚麼越忙碌，越是容易出錯，離目標似乎越來越遠？」在每一個疲憊的日子結束後，她都不期然這樣反問自己。

其實 Winni 的情況絕非個別例子。我們身邊有越來越多人碰上跟她一樣的問題，每天處理一大堆事情，從早到晚忙到心煩意亂，事後回顧，卻沒有哪一件事情辦得好。關鍵原因是分了心，尚未集中精力把一件事情做好，就忙着去處理另一件事情，老是想同一時間完成多件事情。

時間管理大師戴夫・克倫肖（Dave Crenshaw）在《多工處理的神話》（*The Myth of Multitasking*）中寫道：「你的大腦無法同時處理一個以上的任務，實際上你是在這些任務之間快速來回切換。」（Our brains can't do two things at once. They're simply not wired to do so. Instead, what we think of as "multitasking" is really just bouncing back and forth between tasks very quickly.）但這種切換細微而迅速，不易察覺。例如某人一邊煮食一邊洗衣服，表面上似乎是同時做兩件事情，其實他只是在這兩件事情之間來回切換：一會兒在廚房烤肉，一會兒到洗衣機旁洗衫。可是，如果他想把兩件事情都做得圓滿，那麼他在處理食物時必須專心致志，使用洗衣機時也須心無旁騖。如果他在烤肉時惦念着衣服，那可能會忘記啟動烤爐；若他在洗衣服時思索如何烤肉，便有機會漏了放洗衣粉。

辦事幹練的人在工作時，不管事情需花多少時間，是幾小時，還是幾分、幾秒，他們都能心無雜念，投入全副精力，當這件事辦妥後，又會迅速切換到另一件事情上，並繼續保持全神貫注。

套用一個網絡流傳的金句：「時間存在的唯一理由，就是不讓所有的事情同時發生。」這句話還有一個精彩註腳：「任何一個男人想同時安全地開車和親吻一個漂亮女生，那麼最簡單的方法就是在不需要注意力的時候親吻。」駕駛時需要專注，若分一部分注意力去親吻女孩，分心走神就很可能出意外，導致汽車和人生同時失控。

第四特徵 —— 對生活失去控制

有一天，美容美髮師 Mandy 聯絡心理治療師，查詢匆忙症的事情，雙方約在一間 Cafe 見面，結果 Mandy 遲了整整一小時才匆匆趕到，她一坐下就沮喪地向心理治療師訴苦：「抱歉，出門時怎也找不到車匙，翻遍全屋後，才發現就放在大衣的內袋裏。」

「如果你一開始先找大衣就好了。」

「我有啊！翻了不下五次，不過每次都太心急，沒想起摸摸暗袋。」

當 Mandy 走進店內時，心理治療師就注意到其步行姿勢不太像走，反而更似滑行，當時就覺得奇怪。現在透過簡單幾句話，心理治療師已在 Mandy 身上看到了匆忙症的影子。

匆忙症患者的思緒亂成一團，也會導致生活和工作亂成一團，最終完全失控，陷入無序和混亂狀態。就像裝修公司部門經理 Benjamin 自嘲生活得像一隻癲狗。

　　在這裏我們不妨先進行一個簡單換算，在一個小時內，如果你專心做一件事情所投入的精力是「一」，當你同時做三件事情，每件事都只分得「三分一」的精力；若三件事其實都需要你花一小時才能做好，那麼結果就是──在一小時內，三件事情全都做不好。

　　為了進一步幫助 Mandy 明白這個道理，心理治療師向侍應拿了一張紙，在上面寫了個字，把紙張在 Mandy 眼前快速一晃而過後問：「你能看清楚紙上寫了甚麼嗎？」

　　「太快了，我沒看到。」

　　「或許你之前還沒集中注意力，現在再試試。」接着心理治療師一共把紙張晃了五遍，Mandy 都未能看清楚紙上寫了甚麼。最後，心理治療師把紙張停在 Mandy 眼前，大約兩三秒後，Mandy 才興奮地說：「寫着我的英文名！」

　　心理治療師解釋：「我在你眼前晃動紙張的時間不足一秒，但你看清楚文字卻需定睛兩三秒，這兩三秒必須聚精會神，不能分心。如果你每次只花一秒，就會發現即使花費的時間和精力加起來多於三秒，卻依然看不清紙上文字。」

　　「你意思是，我找車匙時也是這樣嗎？」Mandy 低聲道。

　　「對，你急着找遍全屋，卻沒有在最有可能找到的地方，投入足夠的時間仔細翻找。事實上，你行動速度越快，跟事物接觸的時間便越短，也越難看清真相。結果就是越忙越亂，越亂越忙。」

匆 忙 症 四 大 特 徵

裝修公司部門經理Benjamin：
生活就像一條瘋狗

貿易公司採購員Winni：
越忙碌越容易出錯

醫院危機公關主管Keith：
工作壓力很大

美容美髮師Mandy：
越忙越亂，越亂越忙

廣告公司高管Jason：
做甚麼都靜不下心

匆忙症

四個特徵

· 急於求成

· 衝動行事

· 力量分散

· 失去控制

廣告用字折射病態心理

日本著名實業家稻盛和夫在其著作《活法》內提到：「心不喚物，物不至。」無論是一把鑰匙，抑或事業上的轉機，都需要用心才能掌握。這裏所指的心，需要的是真情實意，肯花精力、費時間、動心思去深挖細查，絕非匆匆忙忙的心態和行動，或者蜻蜓點水式的接觸。

法國哲學家亨利·柏格森（Henri Bergson）說：「秩序是主客觀之間的一致；是在事物中發現自我的精神。」從反向角度理解這句話，無序就是因為內心欲求跟事物發展不一致，是個人內部的煩躁和焦慮引發了與外部事物的衝突，最終導致混亂。在一定的時間內，能做的事畢竟是有限的，可是，當人們渴望在最短的時間內做完更多的事情時，他們的內心就會扭曲，動作就會變形。

> 渴望在最短的時間內做完更多的事情時……
> 內心就會扭曲，動作就會變形。

舉個例子，我們時常看到這些廣告字眼：二十分鐘學會瑜伽，七天掌握流利英語，一小時讓肌膚回到嬰兒時代，三個月晉身百萬富翁等等。然而，眾所周知，瑜伽本質上是一種放鬆身心的慢功細課，絕不可能在短短的二十分鐘內速成；而這樣草草學就的瑜伽，是否有效可想而知。同樣，學習英語、保養肌膚、積累財富等事情皆不可能一蹴而就，而是需要持續付出時間和精力。一切急於求成的想法和行為，背後都源於匆忙症的病態心理。

　　患上了匆忙症的人，一般都懷有雄心壯志，做事主動，關注時間管理；他們習慣用最後限期來逼迫自己，痛恨拖延和失信；他們往往是「永遠 online」的人，如果給他們發電郵，他們會為極速回覆而自豪，認為自己很積極進取。雖然他們能取得一些成就，卻缺乏耐心和韌性，容易感到焦慮和分心走神。平日早上，你可以看到這些人是如何匆忙：他們在訓斥孩子或乘車之際，同時化妝、打電話、食麵包、喝咖啡，而且十分仇恨任何形式的排隊。

　　上述的病態心理不僅會讓人時刻處於緊張和焦灼狀態，也會使其家人、朋友和同事的神經繃得很緊，嚴重影響事業發展、家庭和諧，以及人際關係融洽。懷着一顆匆忙的心，做任何事，不論在任何層次上，總是會一團混亂。

　　匆忙症對任何人來說都不是小問題，它會為生活和工作帶來意想不到的麻煩。與此同時，人們會發現，整天匆匆忙忙，似乎永遠不能放輕鬆，永遠無法施展真正實力，也永遠無法提高辦事效率。

1.4 簡單測試
是否患上匆忙症

　　Emma 是一家中學的新任女教師，她每天平均工作時間長達十六小時，從早晨課堂開始直到深夜批改作業，整天忙忙碌碌，她覺得總有做不完的工作，總有一些頑皮學生要操心。就這樣周而復始，她匆忙於備課、上堂、批改作業、管理學生、參加教學研討會，還要撰寫各種讀書筆記，開展晉升、課題研究等活動，接受校方有關部門的各式評估。

　　由於在教學工作上急於求成，Emma 把精力分散到很多事情上，行事較衝動，欠缺耐性，結果不僅學生的成績未能提升，還弄得自己心力交瘁，最後更病倒了。

　　你是否像 Emma 般匆匆忙忙的人？以下請完成一個簡單的匆忙症小測驗。如果你對四個或以上的問題回答是「經常」，就很有機會已患上匆忙症。你在過去六個月裏：

一）是否經常對事情作出迅速反應，但又常常會為自己說出口的話、做過的事情感到後悔？

二）會否經常在做一件事情之際，心裏還想着另一件事情？

三）在做一件事情前，是否經常先思考事情的結果，成功後會怎樣、失敗後又會如何，並因此感到緊張焦慮？

四）是否經常覺得身不由己，似乎有一股無形的力量逼迫着你不斷忙碌，一旦停下來，你就會感到心慌和空虛？

五）是否經常覺得如果不忙就是在浪費生命，卻又不知道自己究竟為甚麼而忙？

六）是否經常感到生活和工作一團糟，似乎全世界都在跟你作對？

　　假如以上六條問題的答案都是「經常」，幾乎可確定你已經患上勿忙症。那就請你抽時間，專心認真地閱讀這本書，讓我們幫你擺脫這個都市病。

　　先旨聲明，這不是一本簡單地教你怎樣放慢生活節奏，或者如何在繁雜中選擇放棄的書，而是告訴你：勿忙是一種慣性思維、機械動作，以及僵化的生命操作系統（Life Operating System），也是對內心的忽視、時間的浪費、生命的虛度。提升生命操作系統，意味着你要把慣性思維化為彈性思維，將機械動作轉成彈性動作，讓封閉的自我升級到開放的自我──升級完成之後，就是生命反轉之時！

第二章

解構

做事模式令人類淪為機器

2.1 做事模式 與做人模式

　　某天晚上，一位公司老闆在應酬時喝了不少酒，找了酒後代駕司機。來的是一位身型高佻的女子，說話彬彬有禮，而且非常專業，不論倒車、轉彎的技術都很嫻熟，不徐不疾，坐她的車感覺既安全又舒適。二人攀談起來，女司機坦言很享受駕駛，揸車時能把所有煩惱拋諸腦後。她對工作的熱情和投入，給這位公司老闆留下深刻印象。後來，老闆得知這位女代駕司機曾當模特兒，還登上過高級時裝雜誌封面，又有報道說，她在工作中找到真愛，實現了夢想。

　　對待生活和工作，大致可以分為兩種狀態：一、「做人模式」；二、「做事模式」。

　　做人模式：絕大多數工作都是平凡的，但珍貴的生命卻能在平凡工作中找到存在感和深遠意義，就像那位女代駕司機一樣。如果我們帶着愛去做一件事情，付出真誠、激情和心血，我們就能跟這件事建立深刻聯繫，從而通過辦事感受到個人價值，心靈亦獲得成長。在此一過程中，我們將工作視為手段，把自我成長、自我完善當成目的，誠如印度詩人泰戈爾所說：「我們的生命是天賦的，唯有付出生命，才能獲得生命。」（Life is given to us, we earn it by giving it.）這句話可視為做人模式的最佳注釋。

　　做事模式：即是把完成一件事情當成目的，眼睛只緊盯收益。在這個模式下，我們不會把生命附着於事情上，而這件事也

無法流經我們的心，做完就完了，跟我們的心靈成長和能力提升無關。我們每天忙忙碌碌，等同一部廉價機器，不停運作，幾十年過去依然原地打轉。一個人機械化地工作和忙碌，意味着甚麼？意味着他很快就會被機器取替！這種僵化、麻木的模式，不能為生活中每個溫暖的瞬間而感動，也無法領略生命的壯闊，往往只會讓人疲於奔命，手忙腳亂。

「做人模式」包含兩大內涵：首先，是用心做事，觸及事物本質，無論是科學家做研究，還是代駕司機接單開車，都要深入其中，仔細琢磨事情的特點和規律；其次，也是最重要的內容，你可透過做事深入本心，甚至深入靈魂，磨礪心性，鍛煉意志，拓寬胸襟。如果只停留在做事的層面，不能深入其中，即使花費很多時間，你的眼光和格局只會依舊狹小。

在做事模式中，你的注意力放諸每一件具體事情，精神高度緊張，內心焦慮，神經繃緊，根本沒有時間和精力思考我們究竟在做甚麼，以及為何要做。換言之，做事模式是把自己困在密密麻麻、滿布荊棘的具體事務之中，處於掙扎、緊張和焦慮，缺乏精力傾聽本心，只能在一堆繁複雜事內陷入迷失。

做人模式核心：摸清工作意義

當然，做人模式並非叫人不做事，而且所辦的事情一點也不比做事模式少，兩者最大分別在於，做人模式不會被事情淹沒，一直了解並緊扣着內心最高目標，就算事情看似微不足道，依然很清楚其背後意義。

二〇一七年六月九日，美國麻省理工學院第一百五十一屆畢業典禮上，蘋果公司 CEO 庫克（Tim Cook）致詞時說：「我擔心的並不是人工智能（AI）可像人一樣思考；我更擔心

人們像電腦般思考，沒有價值觀，沒有同情心，沒有對結果的敬畏心。」（I'm not worried about artificial intelligence giving computers the ability to think like humans. I'm more concerned about people thinking like computers, without values or compassion, without concern for consequences.）他這番話很有道理，若處於做事模式，人就像機器般思考、行動、忙碌，仿如電影中的喪屍！

> 人像機器般思考、行動、忙碌，
> 仿如電影中的喪屍！

　　幸好，除了做事模式外，我們還有做人模式。做人模式能幫助我們跟內心建立深刻聯繫，在生活中探究生命最深層次的真相，並透過工作領悟生命更宏大的意義。啟動這模式的人永遠不會被機器所取代，甚至不是任何人所能代替，因為他們活出了生命的底蘊，活出了真實的自己。

　　《大學》中說「仁者以財發身，不仁者以身發財」，這句話可幫助我們理解做人模式與做事模式的區別：

　　甚麼是「以財發身」？就是通過賺錢的方式來突破、發展自我，成為最好的自己，釋放人性光輝──這是做人模式。

　　何謂「以身發財」？即是透過犧牲身體、人格和尊嚴的方式賺錢。做事模式往往就是這樣，當我們把吸金當成目的，忽略了心性的淬煉，就會很易迷失，被金錢腐蝕。

回想一下，日復日，年復年，你是不是沉迷於做事模式？如果是，請馬上停下來，聆聽一下內心的聲音，感受一下你此時此刻的心情。你不能只當一個忙碌的苦力，因為你身上蘊含了無窮的生命奧秘。

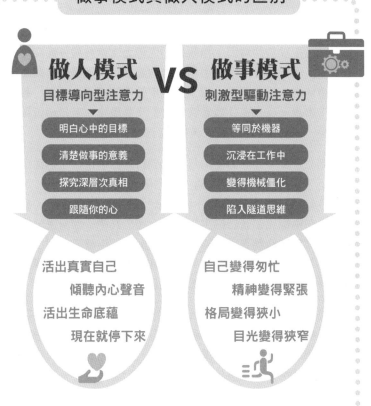

做事 / 做人模式牽涉兩種注意力

做事模式與做人模式，還涉及人類的兩種注意力：刺激驅動型注意力（stimulus-driven attention），以及目標導向型注意力（goal-directed attention）。

刺激驅動型注意力：指我們的注意力常常會被外面發生的事情吸引。例如你正在家中聚精會神地看書，突然聽到消防車喇叭聲由遠而近，直奔所在大廈，這時不管你閱讀得多入迷，都會立刻放下書本，望出窗外看看究竟發生了甚麼事。若是附近單位發生火災，你便要當機立斷火速採取行動。

刺激驅動型注意力能夠幫助我們對外界事情作出迅速反應，若缺乏了它，人會變得木訥，對危險和警示反應遲鈍。可是，如果我們的注意力總是被外界刺激所吸引，也有麻煩。譬如一個美女在兩個正在談話的男生旁邊走過，其中一個男生分心偷看美女，就無法傾聽到同伴的說話；又例如，手機突然彈出新聞訊息，說某女明星結婚了或某男明星有外遇，假如你的注意力被這則花邊新聞吸引，就很容易耽誤了正在做的事。

儘管相對於其他動物，人類的進化程度更高，但就像貓的注意力會被快速移動的物體吸引，人也常常因突發事情而分心，包括手機訊息提示聲、電腦彈出的視窗、旁人的一聲大喝等。請注意，如果注意力總是被外界事物所吸引，思想亦會有如落葉般隨風飄蕩，既凌亂又匆忙。

我們每天接收到各種各樣的刺激，諸如疫情訊息、校園欺凌事件，或者其他大小新聞等，這些消息或多或少會刺激我們的神經，霸佔我們的注意力。不過，刺激最大最深的還是身邊發生的事。很多時候，別人的一句話、一個動作或者一個眼神，均可令

我們內心激起波瀾，注意力馬上陷入其中。實際上，絕大多數匆忙症患者都是被刺激驅動型注意力所控制，他們像一部電腦，對每一個外界刺激都迅速作回應，但這種快速反應不僅徒勞無功，還會使自己心力交瘁。

> 若對每一個外界刺激都迅速作回應，
> 不僅徒勞，還會心力交瘁。

Novia 是一名匆忙症患者，她對外界的刺激非常敏感。朋友不高興時，她會擔憂是不是自己的問題；丈夫回家後說想獨自思考一會，她便害怕會否被丈夫嫌棄；孩子頑皮，她會懊惱自己是否一個好母親。Novia 精神高度緊張，隨時隨地準備對外界刺激（如別人的感覺、行為和問題）作出反應，儼如為別人的感覺而活，每天忙忙碌碌，身心俱疲，她曾向朋友訴苦：「我發現自己像個木偶，身不由己，內心不得安寧。」

很多人都像 Novia 一樣，覺得某人做了某件事，就必須立刻採取行動回應；某人說了一些話，他們就必須迅速說一些話反擊／回應。這類人對外界刺激反應迅捷，卻常常不假思索，從未認真思考自己該做甚麼、不該做甚麼，以及如何反應才對自己最有利。他們總是反應得太快、太緊張、太急切，結果常常為說出口的話追悔莫及，因衝動魯莽的行為付出高昂代價。

目標導向型注意力：跟刺激驅動型注意力剛好相反，目標導向型注意力讓人排除外界干擾，保持緊扣內心目標，堅定不移地前進，不會任由頻繁的手機訊息、旁人議論或其他節外生枝的事搶去注意力。由於與內心維持聯繫，故開啟的是做人模式。

歷史上的傑出人物都擅長運用目標導向型注意力，他們會把注意力牢牢鎖定最關鍵的訊息、最重要的目標。美國南北戰爭時期將領、後來成為第十八任美國總統的尤利西斯·格蘭特

（Ulysses S. Grant），即使在炮火轟鳴、煙塵彌漫、一片混亂的戰場上，仍能集中全部注意力仔細分析形勢，作出關鍵判斷，不僅取得赫赫戰功，也成為眾所敬佩的人。歷史學家馬克・佩里（Mark Perry）形容：「他（格蘭特）不算高大威武或聰明伶俐，甚至也算不上睿智，但他做任何事情均能聚精會神。」

格蘭特晚年不幸患上喉癌，在生命的盡頭，他強大的目標導向型注意力再一次發揮作用。他努力撰寫回憶錄，冀該書的出版可為其妻兒帶來長久收益，扭轉家庭財務狀況。儘管受着病痛折磨，他還是緊盯目標、專注任務，集中心力修撰回憶錄，最終在一八八五年七月十九日完稿，在約四天後與世長辭。回憶錄付梓一年後，格蘭特的遺孀收到一筆巨款——二十萬美元的版稅。

刺激驅動型注意力	
釋義	對於所有外界刺激事物的注意力
例子	消防車喇叭聲、手機訊息提示聲
特質	對危險和警示等作迅速反應，保護自己 思緒受影響，變得既凌亂又匆忙

目標導向型注意力	
釋義	集中於個人內心目標的注意力
例子	在千頭萬緒中，針對關鍵目標下判斷
特質	不受外界干擾，緊盯目標行動

2.2 匆忙的源頭
求快樂　避痛苦

在這個網絡世代，隨着各種社交、通訊媒介發展一日千里，人們的刺激驅動型注意力發揮得淋漓盡致，至於目標導向型注意力則遭淹沒。

酷似希特拉的十隻貓

刺激驅動型注意力屬於人類本能反應，滿足的是低層次的情感需求，而且這些反應沒有經過大腦仔細思考。看看以下七條消息標題，你認為哪一條放上社交媒體能更引人注目？

歐洲大分裂	兒童腦膜炎成因
寨卡病毒肆虐	敘利亞醫院遭轟炸
破壞極地冰蓋	酷似希特拉的十隻貓
俄羅斯政府官員在倫敦謀殺一名英國公民	

相比其他六個消息，估計「酷似希特拉的十隻貓」能夠傳播得更快更廣。因為其他消息的標題不僅令人沮喪，還須勞心費神思考咀嚼，在工作和生活的重重壓力下，誰還願意多動腦筋呢？

再看「酷似希特拉的十隻貓」這個標題，用字新奇、好玩、輕鬆有趣，十分適合供人消遣；由於其內容主要是貓隻圖片，沒有語言障礙，也更方便傳播。如今這類型的消息每天在網絡上層出不窮，諸如某明星爛醉如泥、某藝人濫藥、某名人出軌、某女星換贊助等等，正好滿足網民的刺激驅動型注意力。

英國資深記者基思‧艾略特（Keith Elliott）感嘆：「名人和八卦新聞越來越多，調查性新聞卻越來越少。當花邊新聞狂轟濫炸的時候，你覺得這些訊息是增加還是減少了我們對世界的了解？可悲的是，我認為是減少了，因為現在人們的知識水平更加膚淺。假如你問二十幾歲的人，誰是金‧卡戴珊（Kim Kardashian，美國娛樂界名媛兼真人騷女星），他們可以侃侃而談；但若你問瑞士為何拒絕加入歐盟，他們就會一臉茫然，甚麼也不知道。」

艾略特還提出另一個觀點：故事傳播越快，往往越不可信。因為這些傳播得快的故事，都是掀動刺激驅動型注意力，僅滿足膚淺的心理需求，這也釀成一個結果：為了迎合大眾，我們過濾了事件的真相，只追求有趣及聳人聽聞，而非富有意義的故事。如是者，所謂的「快」，也就成了無法引人思考的「快」。

> 傳播得快的故事，都是掀動刺激驅動型注意力，僅滿足膚淺的心理需求。

速度和真相之間，往往存在反向關係。真相需要經一定時間的調查和思考方能揭示；而那些快速傳播的爆炸性消息，往往不是最後真相，就像每次墜機事故的死亡人數，總是隨着調查時間而上升。

每當出現爆炸性新聞之際，通常就是謠言愈演愈烈之時。

求樂避苦醞釀思考錯判

刺激驅動型注意力跟兩種心理需求有關:一、努力追逐快樂;二、不遺餘力地逃避痛苦。這兩種心理需求幾乎源於人類本能,毋須大腦仔細思考。不論是 Facebook、Twitter 抑或其他網上社交平台,那些能夠挑起刺激驅動型注意力並迅速傳播的訊息,無一不是擊中上述兩種心理需求。

娛樂八卦新聞迎合追逐快樂的心理需求,而駭人聽聞的消息則擊中逃避痛苦的心理需求。媒體把一件事情形容得越可怕,我們不僅越發關注,還會迅速採取行動回應,因為片刻耽誤就意味着危險。越多行動回應,人就越趨匆忙。哈佛大學心理學家史迪芬·平克(Steven Pinker)說:「如果你想爭取他人的支持,最有效的方法是造成一種恐怖印象,這樣人們就必須立即採取行動,否則事情會變得更可怕。據說廣告的作用就是製造不幸福,好讓大眾購買相關產品。」

> 爆炸性新聞掀動的是刺激驅動型注意力,刺激了大眾最敏感脆弱的那根神經。

普羅大眾傾向相信第一時間看到的爆炸性新聞,因為其呈現渠道或形式都已預先計劃好,針對的是近乎人類本能的心理需求,掀動刺激驅動型注意力。

假設該則新聞關乎「對社區的威脅」,那就很難重新改變人們的看法,即使該威脅不屬實或不完整,消息刺激了大眾最敏感脆弱的那根神經,就是害怕危險。又例如不管你正在做甚麼事情,消防車的警號總能吸引你注意。

對安全感的需求、對危險的焦慮就像信仰，不理性且根深蒂固，也難以被改變，無論後面有多少資料證明事件純屬荒謬，人們還是會相信自己第一時間所看到的原始消息。

歷史學家是最接近真相的人，他們可以告訴你當年究竟發生了甚麼事，但往往需要幾十年分析研究。記者可以在數週或幾天後告訴你真相，但也未必是全盤事實。Twitter 可以每四十五秒告訴你一則新聞故事，但內容都不太可靠，亟待驗證。

> 對安全感的需求、對危險的
> 焦慮就像信仰，不理性且根深蒂固。

在刺激驅動型注意力影響下，陷入匆忙的大腦難以辨識和接受事實，卻很容易作出評斷，這時我們仿如一位魯莽武斷的裁判，對發生在身邊以至世界上的大小事情皆迅速下定論。不過，這些判斷往往不能反映事實，只反映出我們內心的緊張、焦慮、擔心和恐懼，還有心底的寂寞、空虛與無聊，也折射出個人價值觀和人生觀。即使是一輩子待在鄉下的人，沒去過世界任何其他地方，他亦能建立自己的世界觀，也可對每件事情作評論，可是，你認為他的話有多少可信度？

2.3 左腦做主導
右腦遭屏蔽

做事模式關注外部事情，做人模式則關注自己內心，這兩種模式除了涉及人類與生俱來的兩種注意力，還跟左右腦的分工有密切關係。

「裂腦」實驗：左分析　右直覺

人腦可分為兩部分——左腦和右腦，兩者中間由胼胝體（Corpus callosum）連接。左右腦的聯繫非常緊密，協同處理生活和工作中遇到的複雜問題。為方便大家理解，可以先把左右腦的功能作簡單區分：左腦通常負責全部的計算、對比和分析任務；右腦負責所有的非邏輯任務，包括信念、愛、信仰、信任、同情心、同理心和歸屬感等。

左右腦分工理論最早由羅傑・斯佩里（Roger W. Sperry）提出，他亦因此獲頒一九八一年的諾貝爾生理醫學獎。在研究癲癇症的影響時，他發現切斷胼胝體可減輕或消除癲癇發作。之後，他邀請這些切除了胼胝體的「裂腦（Split-brain）人」參與科學實驗，當中最富戲劇性的一次實驗發現：

如果蒙起受試者的左眼，那麼右眼看到的訊息只能傳輸給左腦，這時向他展示一個物品，例如一個電暖器時，他對該物件的分析會特別具體、詳細和生動：「這是一個盒子，有電線和鐵絲，

可以用電來加熱。」然而還能不斷分析下去，甚至非常精準地說出電暖器的零部件。不過，即使分析得多精準，他總是無法說出電暖器這個名稱。相反，如果遮住受試者右眼，只用左眼觀察物品，他就能說出電暖器此名稱，但無法具體詳述電暖器的構造及功能。

「裂腦」研究結果指出，左腦是分析腦，其功能是把整體拆分為部分，對事物抽絲剝繭，找出其組成部分，然後深入分析每個細節；右腦則是直覺腦，有能力把部分聚合為整體。這兩種截然相反的思考過程，可簡稱為「左腦思考」和「右腦思考」。

根據左右腦分工理論，左腦思考擅長處理牽涉邏輯、推理和分析的任務，具體活動包括：

- 演算公式
- 批判性思維
- 分析具體事物
- 邏輯推理

右腦思考更擅長處理表達和創造性的任務，具體活動包括：

- 識別人臉
- 表達情感
- 音樂
- 察言辨色
- 色彩
- 圖像
- 直覺頓悟
- 同情心和同理心

同時，學者還發現，左腦和右腦分別控制着跟其位置相反的身體部位，即左腦控制右邊身體，右腦控制左邊身體。基於此情況，心理學家發明了一個辨明你傾向採用左腦抑或右腦思考的「雙手交握測試」：

讓雙手交握，看看哪根拇指在上方？

如果左手拇指在上，意味你在保護右手拇指，說明你傾向於右腦思考，擅長直覺和頓悟，喜歡從宏觀角度看問題，注重事物的整體性，思考方式具有無序性、跳躍性和直覺性。

如果是右手拇指在上，反映你更偏重左腦思考，擅長分析推理，喜歡從微觀角度看問題，着重事物的分類、排列和組合，思考方式具有邏輯性、延續性和分析性。

左腦型 JAREK 與右腦型 TINA

值得注意的是，「裂腦」研究也支持了另一種理論：左腦思考傾向於開啟做事模式，右腦思考則傾向於開啟做人模式。

Jarek 是物流公司的一位管理人員，也是左腦思考的典型。某次在公司委托舉辦的高級培訓班開課前，課程顧問把 Jarek 介紹給培訓講師時囑咐說：「Jarek 對所有事都會過度分析。」果不其然，課程一開始，Jarek 對任何事情都有疑問，譬如課程為甚麼這樣設計？團隊結構為何是這樣的？這課程該怎麼評分？諸如此類的提問一個接一個。

儘管 Jarek 經驗豐富，頗有見識，對工作也盡心盡力，但他冷靜、嚴謹的做事方式，並不能激勵其團隊或周邊其他人。下屬

對他的評價是一絲不苟但缺乏溫情，做事嚴謹古板，注重速度卻欠創造性。換言之，Jarek 就像一台冷冰冰的電腦，每天忙着演算、解決問題，沒有創造性解決問題的能力。由於他開啟的是做事模式，故工作效率並不理想。

剛好跟 Jarek 相反，斜槓族（自由職業者）Tina 是右腦思考的典型。Tina 很有愛心和同情心，也具創意精神；不過，她的問題是經常爽約，別人總覺得她靠不住，其辦公室亂糟糟，文件隨處放。雖然 Tina 極富創造力，在狀態好的時候，可以比任何人都做得更好，但無法保持這種狀態，她對心理治療師坦言：「並不是我不想努力，而是我從來無法掌控自己。」

Jarek 缺乏右腦的熱情、愛、同情心和同理心，被冷漠的理性全面控制；反觀 Tina 則缺乏左腦的邏輯和有序。兩個案例充分說明，只側重「左腦」或「右腦」都會出問題！

其實，除了「裂腦人」之外，我們絕不會只使用左腦或右腦思考，只要連接左右腦的胼胝體沒被切除，任何人都能同時使用左右腦。更重要的是，我們不能人為地分割左右腦思考，必須將兩者融為一體。換句話說，做事模式與做人模式其實密不可分，並無嚴格界限，我們可以通過做事來做人，也能夠通過做人把事情做得更完美。

可是，匆忙症患者在工作時會經常強行停止右腦思考，逼迫自己只用左腦思考，因而陷入強迫性思維，總是身不由己，停不下來。Jarek 就是這樣，他向培訓講師坦言意識到工作時的毛病——冷酷無情、沒同情心，並自嘲為「野獸」；有趣的是，在公餘時間，他幽默風趣討人歡喜，原來在輕鬆環境，其右腦發揮功能開啟了做人模式，但一面對工作，他又返回理性冷酷。

缺少右腦參與的工作只是機械式反應，毫無創意；而沒有左腦參與，一味「跟隨你的心」，則會陷入混亂。在一定程度上，內心的統一，包括左右腦的協調，若只側重左或右腦思考，實際上是割裂了內心與外部世界的聯繫，這正是導致匆忙症的最主要原因之一。

左腦思考和右腦思考的區別

左腦思考

演算公式

批判性思維

分析具體事物

邏輯推理思維

VS

右腦思考

表達情感

直覺頓悟

同情心和同理心

形象識別思維

左腦和右腦的統一

▼

內心的統一

▼

內心與外界的統一

▼

避免匆忙症

2.4 匆忙症妨礙 左右腦思維平衡

一九九六年十二月十日早上，著名腦科學家吉爾伯特・泰勒（Jill Bolte Taylor）突然遭逢左腦中風，其左腦裏的一根血管爆裂。身為一名神經解剖學家，她意識到這是一個「身臨其境」研究大腦的絕佳機遇，並不是每個科學家都有這樣的機會。隨着病情惡化，她眼睜睜地看着自己左腦的功能——運動、語言、自我意識等，一個接一個關閉。她不能行走、說話，也失去了記憶、分析和推理能力。

泰勒的腦中風經歷，生動地展示了人類左腦負責邏輯思維，右腦負責形象思維的的生理運作方式。

經手術切除她腦中一個高爾夫球般大的血塊後，令人驚訝的是，在母親陪伴下，泰勒花了八年時間，奇跡般地復原，重新獲得思考、行走和說話的能力。作為一位腦科神經解剖學家，泰勒相信大腦的可塑性——自我修復能力。她的傳奇經歷再次印證，左腦和右腦分別執行不同的任務。

泰勒的經歷意義非凡，因為她個人親身感受，生動地展示出左右腦的生理運作方式：左腦負責邏輯思維，是線性、有系統的，主要關注過去和未來；右腦則負責形象思維，感知此時此刻。例如，當你看到一輛車，左腦（邏輯思維）會立刻辨別該車的品牌名稱，而右腦（形象思維）則顯示車的圖像。

> 左腦負責邏輯思維，關注過去和未來；
> 右腦則負責形象思維，感知此時此刻。

通過右腦感知，我們都是一個個互相聯繫的能量體，猶如一個家庭，和諧地生活在一起。泰勒表示，在她左腦反應的意識領域內，她是一個個體，一個純粹的個體；而在她右腦反應的意識中，她是一個整體，「我相信，若我們花費更多的時間來選擇運行右腦中深藏的和平系統，會為這個世界帶來更多和諧，我們的星球也會變得更加安寧。」（I believe that the more time we spend choosing to run the deep inner peace circuitry of our right hemispheres, the more peace we will project into the world and the more peaceful our planet will be.）

泰勒的經歷亦說明，左腦和右腦、邏輯思維和形象思維，是密不可分的。由此推論，如果只用左腦，人就會見樹不見林。高度左腦思考型的人在討論任何有關右腦思考的優點時，都會立即利用邏輯和分析加以質疑，但光靠左腦是無法成功的。那些對右腦思考嗤之以鼻者，往往會在下班後透過散步、看電影、聽音樂，甚至以酒精來慰藉忙碌辛苦的一天。

　　毋庸置疑的是，當接收的訊息超載後，會迫使訊息處理進一步集中到左腦，若情況持續，左腦的能力會被過度使用和開發，從而產生嚴重的行為後果。就像一個人非常熱衷於拘泥細節、批評、抱怨、焦慮和煩惱，最終導致非邏輯性的右腦功能——信任、信念、希望、信仰、歸屬感和樂觀等——遭大幅削弱。

被左腦思考控制的上校

　　《桂河橋》（*The Bridge on the River Kwai*）是以二戰為題材的經典電影之一，在一九五八年奪得第三十屆奧斯卡金像獎最佳影片。看過這齣戲的人，一定會對影片中的英軍上校尼克爾森（Nicholson）印象深刻。片中講述，一九四三年，英軍上校尼克爾森及其部下成為日軍俘虜，被逼修建位於泰國西部的桂河橋。作為一名英國紳士，尼克爾森恪守自己的準則，認為軍官應拒絕參加勞動，更以國際公約向日軍據理力爭，結果尼克爾森和他屬下的軍官遭關押。

　　修橋的任務進行得很不順利，英軍俘虜皆消極怠工。日本軍官齋藤對尼克爾森軟硬兼施，同意尼克爾森和他的軍官不必幹活，但必須指揮兵員在規定的五月十二日前築好橋樑。為了英軍榮譽和證明英國人的質素，尼克爾森帶領部下在桂河上建成了一座大橋。之後，當英軍特種部隊秘密趕來準備炸毀這座大橋時，尼克爾森卻極力阻止英方行動，因為大橋是他辛苦創造的成品。尼克爾森頑固地阻攔英軍行動，以致驚動了日軍，最終目睹自己人在日軍的火力下喪生。

　　電影最後一個鏡頭，尼克爾森摸着頭猛然醒悟犯下一個不可饒恕的錯誤，於是原地僵立，中槍倒下，而他的身體剛好壓到炸藥起爆裝置——大橋最終被炸毀。

實際上，尼克爾森就是被左腦思考控制的人。他一心只想着造橋的事情，卻忘記了自己最大的目標是消滅日軍。傾向左腦思考的人常常會這樣，他們拘泥於具體的問題和細節，固執己見，渾忘了自己還有更宏大的理想。

《桂河橋》中尼克爾森的思維

正常情況	身份：英國軍人 行動目標：抗擊敵方（日軍）
左腦主宰情況	身份：遭俘虜的英國軍人 行動目標：1. 為證明英國人質素，建造大橋 　　　　　2. 守護大橋＝守護英軍榮譽 　　　　　3. 阻止英軍炸毀大橋

對大腦的研究還有很多不明朗地方待揭示，但有一個問題已達成共識——大腦對任何長時間刺激均會作出反應，不管是好的還是壞的刺激；亦即是說，當我們被驅動型注意力所控制，頻繁地接收外界訊息刺激時，左腦活動會非常發達，而右腦功能則開始減退。這也意味着，如果我們每天接觸到的都是假新聞假訊息，左腦最終也會選擇相信。

米爾格倫實驗的啓示

耶魯大學心理學家史丹利·米爾格倫（Stanley Milgram）曾進行一項實驗，目的是測試人們對權威的服從程度，期間觀察

受測者（主要是耶魯大學的學生）在面對由權威者下達、違背個人良心的命令時，有多少服從意願。結果出乎意料，即使內心不情願，認為命令明顯違背人性，會造成嚴重傷害和痛苦，但有很大一部分人仍準備服從指示。

該研究主要是想探討「千百萬納粹追隨者瘋狂地進行大屠殺，有沒有可能只是單純地服從命令？」這個熱門議題，米爾格倫認為：「我們需要將種族滅絕視為一種神經學現象來理解。」而實驗結果令他驚訝，「在權威之下，你只要單純地告訴人們服從命令，就可以讓他們去殺害別人」。

> 人腦具有可塑性，外界刺激會改變大腦中海馬體的構造。

神經科學家告訴我們，人腦始終具有可塑性，外界刺激會改變大腦中海馬體（Hippocampus）的構造。海馬體主要負責學習和記憶，日常生活中的短期記憶均儲存於海馬體，假設某個記憶片段，譬如一個電話號碼或者一個人，若在短時間內被多次重複提及，海馬體就會將其轉存入大腦皮層，變成永久記憶。原來大腦會把資源用於發展那些頻繁被刺激到的地方，或許這就是「謊言說一千遍就會被當成真」的心理學原因。

「全觀」就是左右腦統一

印度哲人克里希那穆提（Jiddu Krishnamurti）在《重新認識你自己》（*Freedom From the Known*）一書中提出兩個概念：全觀（attention）與專注（concentration），認為兩者並不一樣，「專注」是排他的，而「全觀」是整體覺察，能包容一切。

　　當人們處於「專注」狀態，會排斥其他事情，甚至排斥比他「專注」的事情更重要的東西；相反，「全觀」既能讓人把注意力傾注在手頭工作，又能顧及全局，即是能留意外界事物，又對內心保持覺察。「全觀」可謂左腦和右腦的統一，完整思維讓人見樹亦見林，局部和整體兩者得兼。

　　當我們僅「專注」於一件事時，一定覺察不到另一件事，這便陷入了隧道思維，見樹而不見林，無法意識到自己份屬組織（團隊／公司／社會）的一部分，這時不但對自我內心缺乏覺察力，連帶對周圍環境、人物、空中浮雲、清澈河流都變得麻木不仁。

　　關於左右腦的研究還有一個有趣發現：女性擅長右腦思考，男性則擅於左腦思考；女性喜歡直覺、感性，男性偏愛推論、理性。很多時候，男女互不理解，皆因分別使用左或右腦。和諧美滿的婚姻，無一不是經過多年摩擦和砥礪，在磨合過程中，男性學會了女性喜歡的右腦思考，反之亦然。

　　不管是傾向左腦的邏輯推理，還是傾向右腦的形象化思考，都各有一定局限性。邏輯推理在作出抉擇的過程中不可或缺，有助分析問題，看清細節，從而指導我們作出理智決定。然而，左腦思考的局限性在於太理性、僵化、死板，很多邏輯推理能力強的人，往往缺少生活情趣，他們能破解最複雜的數學題，卻不理解別人感受，也不懂如何表達自己的感情。

　　德國哲學家康德（Immanuel Kant）就是左腦思考的典型，其哲學著作從頭到尾充滿強大的邏輯、判斷和推理，其作息習慣也仿如時鐘般精準，分秒不差，但正如德國詩人海涅（Heinrich Heine）所說：「康德的生活是難以敘事的，因為他既沒有生活，又沒有歷史。」（The history of Immanuel Kant's life is difficult to portray, for he had neither life nor history.）同樣道理，過度傾向右腦思考，雖然充滿激情，但問題是不知道該在哪裏停下來，又經常感情用事，令生活和工作陷入混亂。

源自「內衡防禦」的思維扭曲

　　如果我們過度傾向於使用左腦或右腦，打破兩者平衡，不管身體和精神，抑或理性和情感，均朝相反的方向活動，大腦會自行通過扭曲的方式校正，取得扭曲的平衡。牛津大學生理神經科學教授羅素・福斯特（Russell Foster）把這個現象稱為「內衡防禦」，意思是人類的左腦和右腦、身體和精神之間本來就存在一種內在平衡體系，就像一個天平，始終渴求平衡，當某一邊的份量太重，天平就會傾斜，以便重新達致平衡。

　　人類終其一生都在尋求平衡——身體平衡，我們才能行走；人際關係平衡，我們才覺得滿足；內心平衡，我們才感到幸福。一旦內心失衡，人就會通過外部行為來尋求平衡。譬如，左腦的份量太重，內心感到焦慮，人就會通過身體的匆忙來獲得平衡，無論是在工作還是生活中，都像灌滿油的引擎，一直忙碌轉動，停不下來。

> **內心感到焦慮，人就會通過身體的匆忙來獲得平衡。**

　　可是，我們不能通過外在的匆忙，真正解決內心的失衡。沉迷於做事模式中，可以無視時間，甚至連吃飯如廁都忘掉，但由於右腦份量太輕，很難明白忙碌的意義和價值。這時我們是被左腦驅使的工作狂，就像沒有靈魂的機械人，即是患上匆忙症。

　　通過匆忙來解決失衡，可比喻為陀螺旋轉時的平衡。陀螺不動時無法直立，只能斜躺；用外力令它高速旋轉，才可達成平衡直立。當失去外力，陀螺就會漸漸停下，回到斜躺狀態。如果我們想維持這種平衡，就必須不斷依靠外在力量旋轉（即是讓自己

忙碌），當我們不遺餘力地向外索求，便會受佔有欲所控制，結果令內心更煩躁、緊張，人也更易怒、焦慮、忐忑不安、誠惶誠恐，當然，內心也更不平衡。

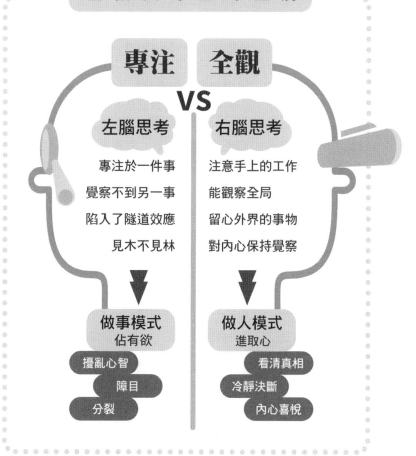

2.5 佔有欲 衍生三宗罪

　　在做事模式中，我們內心時刻處於緊張和焦急狀態，一心想要盡快完成工作，這時我們實際上是被佔有欲所操控。在做人模式中，雖然我們也會努力做事，但最高目標是通過做事來提升自我，讓自己變得更成熟，格局更宏大，這時我們心裏毫無佔有欲，充滿的是進取心。

　　走筆至此，讓我們區分一下佔有欲與進取心。過去普遍認為，「欲望」具有極大破壞性，使人走向痛苦和犯罪，有人採取的應對辦法是過着像苦行僧的生活，力求清心寡欲。然而，欲望有如荒原上漫無邊際的小草，野火燒不盡，春風吹又生。與此同時，許多智者發現，欲望的一部分確實存在惡劣破壞性，但還有另一部分能量，蘊含着「決心」和「堅定意志」，包括對人性高貴特質的追求，能引領我們走向優秀和卓越。伴隨着這樣的認知，人們弄清楚欲望是由兩部分組成：佔有欲及進取心。

　　佔有欲是欲望能量中具破壞性的一部分，它會把注意力緊緊瞄準外界事物，只想攫取，即是對外在目標的執着，對結果的擔憂和焦慮。例如在做事模式中，儘管人們把注意力集中在手頭工作，但少不免會想：「我的工作進展如何，能否按時完成？」「我有沒有落後於人？」「如果做好這件事，不僅會獲得上級表揚，還可掙得一大筆獎金，但若出了紕漏，便一切都完了！」

欲望的兩大部分及其各項特質	
佔有欲	進取心
只想攫取，執着	堅定意志
竭力擴張	自我實踐
具破壞性	導向卓越
擾亂心智	心靈安靜
一葉障目	看清真相
內心分裂	內心完整統一
擔憂焦慮	冷靜決斷

　　事實上，對任何目標過於執着，只會降低行動成效；任何形式的緊盯結果都會擾亂心智；任何沉迷於下一刻能否得到的想法，都會讓你無法集中注意力，阻礙你把全副精力投放至工作。若一味思考結果，便永遠無法全神貫注於手頭任務，最終只會沮喪地發現自己轉了一圈，返回起點——本來想把注意力聚焦眼前工作，結果又回歸分心走神狀態。

　　在做事模式中，執着於結果的佔有欲涉及三宗罪：一，擾亂心智；二，障目；三，分裂。以下再作仔細討論：

　　擾亂心智：觀察一個處於做事模式中的人，很容易發現他抱有「迫不及待想要盡快完成任務」的心態，它常常會擾亂心智。捫心自問，當你想吃雪糕或心生性欲之際，注意一下當刻大腦思維是否很瘋狂？因為這時你的大腦正處於暈眩、不安、焦慮的狀態，套用瑜伽用語就是「過熱」。

　　障目：啟動做事模式且充滿佔有欲的人，其頭腦並不清醒，時常一葉障目。當我們執着於某一特定結果，該目標對「大腦」來說怎麼看都是好的。例如你想吃一大杯雪糕時，我們往往只看到好處（享受美味），忽略壞處（致肥）。在「欲望熏心」之際，

人們看不到灰色地帶，腦袋也無法作出正確抉擇，這就是佛家所說的「障蔽」。

分裂：執着於目標的佔有欲，會使內心陷入分裂，這一點相當重要。由於佔有欲強化了主體與客體之間的分離，譬如「我」是主體，「雪糕」是客體，當「我」在做事模式中受制於佔有欲，即是「我」特別想吃「雪糕」時，兩者之間便產生了一種張力，導致內心分離，從而生出「吃到雪糕，我就是完整的；吃不到，我就不完整，會感到有缺失、空虛和不充實」的想法。

為甚麼有許多人在物質層面富足，精神上卻很空虛？究其原因，佔有欲放大了我們與目標物的分離感，增大了「我想要」的強度，以致主體陷入「想要……得到……又想要更多」的無限循環，令內心永遠缺乏「安全感」和「完整感」。不過，欲望能量撇除掉佔有欲，還有進取心，換到做人模式中，激勵我們邁步向前的亦正是「進取心」！

「進取心」不帶任何痛苦成分，也不會干擾心智，反而可帶來心靈上更深層次的安靜和喜悅，以及冷靜睿智的決斷。進取心不會導致一葉障目，可培養出看清真相的能力，幫助我們逃出佔有欲的魔掌，這時再沒有所謂的「分心」和「分裂」，能更深入地達至內心完整和統一。

> **進取心可帶來心靈上更深層次的安靜和喜悅，以及冷靜睿智的決斷。**

在做事模式中，我們受佔有欲控制，竭力向外擴張、索求，結果欲望難填，內心越見空虛。誠如印度聖雄甘地說：「這個世界可以滿足每個人的需要，卻無法填滿每個人的欲望。」(Earth provides enough to satisfy every man's needs, but not every man's greed.)

　　而做人模式下，「進取心」為內心填滿能量、決斷，推動對自我實踐的深層次追求，能引領我們全力追尋真善美，尋求完整的人性和更富意義的人生。當然，做人模式離不開做事，但又不會僅僅停留於做事，而是通過做事來做人，誠如著名美籍黎巴嫩作家紀伯倫（Kahlil Gibran）的詩句：「通過工作來熱愛生命，就是領悟了生命最深的秘密。」（And in keeping yourself with labour you are in truth loving life, and to love life through labour is to be intimate with life's inmost secret.）

Case #06

變成「冷血機械人」的 QUEENIE

　　在某個週末快下班的時候，保險公司業務主管 Queenie 忍不住大喝：「全部組員向我彙報今個月業績，沒開單就沒人工！」

　　Queenie 是一個只重視結果、不在乎過程的女強人，為了實現年薪百萬的目標，她組建了多達五十人的銷售團隊，天天在下屬身邊不斷遊走，催促他們開單：「有問題自己解決，我只在意結果，你們再找不到新客，就自己開單。」下屬們被逼迫得神經緊張，總害怕自己哪裏做錯又被大罵，再沒有精力妥善地向客戶解說保險產品和條款。

　　在此時刻，Queenie 完全被左腦控制，做事模式全開，一味催逼下屬努力開單，冀掙得大額佣金。她萬萬沒想到，上月銷售業績全軍覆沒，完全開不到新單。假如 Queenie 及早察覺下屬遇上困難，能適時安撫團隊情緒，大家一同想辦法了解客戶需求，推銷更適切的產品，或許就不會落得這麼慘淡的結果。

太重視結果，意味對計劃和目標非常執着，人們會花大量時間分析目標，把一個大目標拆解成若干個小目標和不同步驟，左腦開足馬力，沉迷於分析和邏輯推理的世界，右腦功能發揮則微乎其微。這時我們更像一部忙於運算的電腦，而非有血有肉有靈魂的人。

Queenie 在左腦操控下開啟做事模式，就只會像電腦般思考，成為「冷血機械人」。因為這時右腦被關閉，渾忘了價值觀、同情心，以及對結果的敬畏心。

蘋果公司 CEO 庫克所言「沒有了對結果的敬畏心」，應該有兩層含義：一、在做事模式中，人像冷漠的計算機一樣失去了人性，失去了溫情，不計後果；二、很多時候，結果並非自己所能控制，會受各種各樣因素干擾。我們應該懷着敬畏心坦然接納，若太在乎結果，一直耿耿於懷，就難以發揮出生命的激情和旺盛創造力。

在乎結果的結果，就是沒有好結果。

AI 機械人穿越迷宮啟示

人工智能研究者肯尼斯・史丹利（Kenneth O. Stanley）教授在《為甚麼偉大不能被計劃》（*Why Greatness Cannot Be Planned*）一書提到，曾經進行過實驗，為人工智能機械人設定一個目標，讓它自行走出迷宮，若它越快穿越迷宮，就能獲得獎勵，離出口越遠就會受罰。

結果在四十次實驗中，機械人只有三次成功找到出口，其餘三十七次都走進距離出口很近的死胡同。從位置上看，它跟目的地相距不達，卻始終找不到出口，加上獎罰機制還會阻礙機器人調整方向，亦即是說這機械人被目標困住了。

史丹利發現，機械人停滯不前的原因是對目標太執着，行動太僵化死板。於是他調整目標設定，不要求機械人盡快穿越迷宮，而是設定它們不在乎結果，多嘗試以新奇、有意思的方式尋找出口。結果機械人走出迷宮的成功率大幅提高，在其後四十次實驗中，成功了三十九次。這個實驗對人類帶來重要啟示：如果只用左腦思考，太執着於目標，我們往往會遭逢失敗。

當追求結果變成我們心中揮之不去的頑固念頭，我們對期盼的結果產生強迫症的傾向，便會停止用右腦思考，只用左腦思考並沉迷於做事模式，我們就不能發現許多比目標更美好的東西。相反，如果我們能夠同時充分發揮左右腦的功能，不在乎目標，而是追求新奇和有意義的事物，往往會取得意想不到的驚喜。

千萬別讓堅持變成執着

美國杜邦化工公司曾計劃發明一種新型製冷劑，該計劃失敗了，卻意外地發明了易潔鑊。輝瑞製藥公司原本制定了一個目標——開發一種治療心絞痛的新藥，結果目標落空，卻發現失敗品具有一種神奇的副作用——壯陽，失之東隅，收之桑榆，他們發明了「偉哥」。而當今世上最大型視頻網站 YouTube 成立之初，定位也僅僅是一個約會網站。這樣的故事比比皆是，大至無線電天文學、X 光、心臟起搏器、手機短訊，小至車軚、超能膠、微波爐等，反過來看，過度關注工作目標，無疑阻礙社會進步。

長期以來，人們對「堅持」推崇備至，無可否認，「堅持」是一種美德，失敗很多時都源於蜻蜓點水、淺嘗即止，一遇困難就退縮。但我們要警惕，「堅持」也很容易帶來危害，尤其是當「堅持」變成一種執着、固執，或者一種強迫性的傾向。

美國心理學教授瑪傑里・盧卡斯（Margery Lucas）經實驗證明，堅持的確可帶來負面影響：那些執着於手頭任務，堅持不懈的人，往往會因為太過雄心勃勃而事倍功半。

> **執着於手頭任務，往往會因為太過雄心勃勃而事倍功半。**

盧卡斯邀請四百人分別進行三組實驗，其中一組是二十分鐘的填字遊戲，當中有些題目其實根本不可能填出來或難度極高，最明智的處理策略是放棄，跳往下一題。參與者在測試前被告知，為了儘量多作答，可放棄一些題目。最終結果顯示，那些此前在有關堅持的評估環節中得分較高者，往往想回答所有題目，而不選擇放棄，因而陷入僵局，總得分也較低。

實驗心理學的研究說明，努力堅持並不一定能獲得好結果，常常會讓我們付出沉重的代價，盧卡斯稱之為「昂貴的堅持」（costly perseverance）。荀子說：「大巧在所不為，大智在所不慮。」意思是能工巧匠不去做那些不能做的事情，智者不去考慮那些不能考慮的事情，沉迷於「永不放棄」的信念，誤以為付出越多、所獲越多，最後只是自欺欺人。

不管是肯尼斯・史丹利的機械人研究，還是瑪傑里・盧卡斯的心理學實驗，兩者殊途同歸揭示了一個真理——偉大，不是計劃出來的，目標為本是虛無縹緲的神話，偉大的事情永遠不會按照你的計劃和目標出現，如果我們花在計劃和追求特定目標上的時間越多，我們取得偉大成果的可能性就越小。

第三章

癥結

匆忙是果　掩飾空虛是因

3.1 匆忙一事無成
真忙漸達目標

現代都市人每天生活忙碌，但細分起來，「忙」可分為兩種：匆忙和真忙。

Case #07

因快得慢的 KENNY

突發新聞記者 Kenny 現正火速趕赴高速公路大型交通事故現場，誓要搶下「第一手猛料」。他給人的印象是雷厲風行，精明能幹，做事快、走路快、說話快；但接觸長久一些就會發現他易激動、做事主觀，例如經常不等別人把話說完就打斷對方。

在這次交通意外報道中，一同趕到現場的同事 Ryan，與救援人員溝通後，正跟 Kenny 分享採訪所獲。Kenny 看看現場路面，發現十分濕滑，就打斷 Ryan 的話：「你是不是想說這次事故的起因是天雨路滑……」跟着滔滔不絕地表達個人觀點。結果，Kenny 因而惹下大麻煩，他被人投訴報道不實。原來這宗交通意外的起因並非天雨路滑，公路旁的攝影機拍攝到，由於有駕駛者分心親吻女友，釀成意外。

事實上，Kenny 有不少報道出錯的前科，不是誤解受訪者的話，就是寫錯事發的時間地點，或者把不相關的人和事混為一談。Kenny 這種「忙」，就是匆忙！雖然其反應和行動都很快，卻只停留在事情表面，無法作出深入細緻的採訪報道，因「快」得「慢」。

「快」與「慢」既對立，又可相互轉換，有時「快」就是「慢」，有時「慢」又恰恰是「快」。街上步履如飛的行人，高速公路上風馳電掣的車輛，機場頻密升降的航班……全都是忙的表現。

忙，並不是一件壞事，它是繁榮的象徵，反映社會充滿活力和生機，做事拖拉者也難以發揮生命的激情。誠如德國哲學家康德說：「越是忙，越能強烈地感到我們是活着的，越能意識到我們生命的存在。」（The busier we are, the more acutely we feel that we live.）然而，細分起來，「忙」包含匆忙和真忙。在忙忙碌碌的人群裏，有些人是真忙，他們每天一起床就熱情洋溢地投入生活；有些人則是匆忙，譬如貿易公司採購人員 Winni、裝修公司部門經理 Benjamin 和美容美髮師 Mandy。

為何我們無法控制自己的匆忙呢？首先要知道匆忙會帶來些甚麼：

一）「這樣才能進步」的幻想；

二）虛假的優越感和可控感；

三）減緩焦慮感。

如何區別真忙與匆忙

古往今來，人類製造出速度最快的飛行工具是甚麼？無疑是美國航空航天局（NASA）旗下德萊頓飛行研究中心（Dryden Flight Research Center）所開發的極音速（hypersonic）飛行

器——X-43A。其飛行時速高達一萬一千二百公里，即是由葡萄牙里斯本飛抵香港全程不用一小時。

二〇一四年四月十八日，負責研發計劃的喬爾·西茲（Joel Sitz）在愛德華空軍基地公布 X-43A 飛機模型時，說了一句意味深長的話：「快的東西，都是不慌不忙造出來的！」

一九九六年，X-43A 研發出雛形。

一九九九年，製成 X-43A 飛行模擬器。

二〇〇〇年，X-43A 進行地面試驗。

二〇〇一年六月二日，X-43A 第一次升空，幾分鐘後掉進太平洋，首飛失敗。

二〇〇四年三月，X-43A 第二次試飛，以時速一萬公里劃過長空，最後耗盡燃料，掉進太平洋。同年十一月十六日，X-43A 再度升空，完成時速一萬一千二百公里的超高速飛行，到達離地表三十五公里以上的高空，實驗取得成功。在長達八年的研發過程中，科學家們日以繼夜，抓緊時間，努力地逐步奔向目標，這種忙就是真忙。

忙，是指我們反應和行動的速度很快，片刻也不耽擱，這確實能夠提高辦事效率；可是，有些時候卻會適得其反——越忙越亂，越亂越忙。究其原因，前者是真忙，後者只是匆忙。

真忙的人，通常都很有耐性，他們會堅定不移地前進，即使遇上失敗，也能從中汲取經驗教訓。相反，匆忙的人未對事情多加思考，便慌張地馬上行動，往往還沒看清問題本質，就武斷地作出判斷，仿如機器般作出迅速但機械式的僵硬反應，殊不知反應越快，事情便越糟，因此匆忙者總是陷入「急急忙忙起步，跟着手忙腳亂，結果垂頭喪氣」的三部曲。

如何辨別真忙與匆忙

真忙	匆忙
·耐得住性子	·慌慌張張投入行動
·朝着目標前行	·武斷判斷和決定
·不慌不忙地變快	·作出機械僵硬反應
·不會輕易放棄	·反應越快事情越糟
製造極音速飛行器	因快得慢的Kenny

BBC 別出心裁的招聘筆試

英國廣播公司（BBC）計劃招聘一批新員工，有近百人參與筆試，部分考題如下：

筆試題（作答限時三分鐘）

1. 請認真讀完試卷。
2. 請在試卷上寫上自己的名字。
3. 你畢業於哪所學校？
4. 你為甚麼想為我們工作？
5. BBC 成立於哪一年？
6. 你最喜歡哪些 BBC 的紀錄片？
7. 你最感興趣的事情是甚麼？
8. 你希望你的同事是怎樣的人？

9. 你認為自己是怎樣的人？
10. 你認為機械人最終會取代你的工作嗎？為甚麼？
11. 請寫出英國最美的十個鄉村小鎮。
12. 請寫出英國歷史上的十位名人。
13. 請寫出莎士比亞十部作品的名稱。

⋮

不少應聘者匆匆掃了一眼試題，就馬上走筆疾書逐題作答，畢竟限時僅三分鐘。最終只有三個人在限時內完成試卷，其餘的人都因作答超時出局。被淘汰的應聘者抱怨：「這麼短的時間，怎能答完這麼多的問題？」

主考人員微笑着對他們說：「抱歉，不過，你們可以把試題帶走，再仔細看一看。」一眾應聘者聞言紛紛拿起未做完的試卷往下看，最後的題目竟是：

⋮

19. 你認為「真忙」與「匆忙」有甚麼區別？
20. 如果你已經看完了考題，請只做第二題。

BBC 這個故事提醒我們，在沒有看清楚全盤事情前就匆忙採取行動，難免徒勞無益。

有一位部門管理者曾告訴筆者，他從來沒見過一個匆忙的人能夠獲得很大成就。每次他分配好工作任務，有些員工返回座位，還沒坐穩便忙着打電話、查資料、寫文檔，工作風風火火。而有些人則花時間思考一會兒才開始動手，從容不迫。前者驟眼看來做事積極充滿熱情，卻收效甚微，而後者往往能夠保持質量地完成工作。正如一句民間諺語：「急火煮不出好飯，慢火才能熬出好湯。」

3.2 思維專一
抑或思維出軌

Robin 作為一家大企業的 CEO，他管理着千多名員工和過百億資產，每天公務繁重，正是所謂的「大忙人」。有記者曾貼身採訪了他一整天的工作——

清晨：記者跟着 Robin，從市中心出發，到位於市郊的工業邨考察廠房。
上午：乘車返回市中心，Robin 要接受其他媒體的專訪。
中午：到高爾夫球場，觀看由他公司所贊助的賽事。
傍晚：出席一個慈善晚宴。
晚上：收發訊息，處理電郵。

而在整個貼身追訪期間，Robin 有空檔時還要接受記者提問。儘管每天都過得非常忙碌，但 Robin 把公務都處理得井井有條，毫不紊亂，他給記者的印象是——

- 精力充沛
- 充滿熱情
- 廣納建議，善於聆聽
- 擅長鼓舞別人的鬥志
- 幽默風趣

在與 Robin 的零距離相處中，記者深切體會到何謂「真忙」，就是做每件事情時均能全神貫注，不會被外界事情干擾。雖然 Robin 帶着手機，從沒關掉，但在考察廠房和接受媒體專訪時，都會把手機調到靜音。他向記者解釋：「我在考察廠房時，只想着有關工廠的事情，不去想幾個小時後的專訪和中午的高爾夫球賽；而我在受訪時亦只會專心回答對方，不會去想早上考察廠房的事。」

記者對此感受很深，因為他在 Robin 有空檔時提問，對方總是會迅速切斷手頭上的事情，轉身面對記者，聚精會神地聆聽並作答，就算時間很短，或許只有兩三分鐘，其回應依然認真、準確和深入，絕非敷衍了事。由此可見，真忙是在一定時間內只做一件事情；這種忙，緊張而有序，忙碌而充實。

一般人未必會像 Robin 那樣忙，所以我們更要認真專注對待每件事情，學會擁抱真忙，避免匆忙！在一定時間內全神貫注，聚精會神，把全副精力投入於做好一件事，筆者稱這種狀態為「思維專一」。不是說他們的腦子只能裝下這一件事，而是他們要求自己在一定時間內專注唯一目標，只做一件事，只擁有一種身份，所有精力只集中於唯一目標。

> **思維專一是在一定時間內專注唯一目標，只做一件事，只擁有一種身份。**

另一方面，對於思維不專一的匆忙，筆者會形象化地稱之為「思維出軌」。這當然跟感情上的出軌無關，而是指內心不專一，心猿意馬，分心走神，大腦總是同時運轉好幾件事，想全部兼顧，無法把全副身心投入到任何一件事。

舉個例子，匆忙症患者眼前有十項待辦事情，他們會給十件事情全都按下啟動鍵，隨後便會不斷在十件事情間穿梭游走，一時查詢長假期訂機票事宜，一時找同事討論報告怎麼寫，一時思

考晚餐吃甚麼。他們的最大問題是腦袋裏盤算着太多事情,全部事都做得拖拖拉拉。假如你勸他們先做好某一件事,他們就會面露難色,覺得所有事都重要,必須同步處理。

若相同情況發生在「真忙」人身上,他們會先將十件事情從頭到尾仔細看一遍,再按輕重緩急排列,依序處理。無論後面還有多少待辦事項,他們在一定時間內只會全情投入到一件事上,其餘事情皆讓路,直至手上事情告一段落,才會轉移至下一件事。儘管真忙人和匆忙人要處理的事情數量相若,但前者忙得有章法,不會自亂陣腳。

Facebook 公司(二〇二一年十月起改稱 Meta)內部編有一份高效工作指南,其中有數則條文涉及思維專一:

- 保持專注,一心一用。
- 不要多任務(multitasking),這只會消耗注意力。
- 在有效的時間內,我們總是非常專注並保持效率。

「匆忙」卻截然不同,其最大問題是思維出軌,分心走神,無法集中精力先完成一件事情,導致所有事情都淪為爛尾工程。

Case #08

匆忙的 Yanny 完成不了報表

身為中環 OL 的 Yanny，每天工作忙碌，但她不是真忙，而是匆忙。她要在今天完成一份重要的 PPT 報表，現在距離下班還有兩小時，而 PPT 大約花一小時就可完成，時間充裕。當工作進行到一半時，手機突然傳來新訊息，她猜是閨密找她，便忍不住拿起手機一看，果然是好友的短訊，問 Yanny 何時下班，因這位朋友快要辦婚禮，希望 Yanny 下班後能趕來幫忙籌劃。Yanny 匆忙回覆了訊息後，想把心神移回工作，但不管怎樣努力，還是有一部分注意力記掛着閨密的訊息。

她一邊弄 PPT，腦內卻不時閃現別的念頭：好友要結婚了，我今天要準時找她！想到這裏，Yanny 心中慌亂起來，工作頻頻出錯，效率驟降，本來一小時應可完成的工作，結果忙了兩小時還沒做好。

在今天這個訊息爆炸的時代，許多人都有容易分心走神的問題。當同事和客戶回郵件給你、上司打電話給你、孩子發短信給你、朋友發即時消息給你的時候，你是否還有能力把一件正在做的事情做好。在過去手機尚未普及的時代，別人並沒有那麼容易聯繫上你，無論你身在哪裏、時間如何，你用不着承受這麼多外界刺激，而現在，你隨時都要應對郵件、短訊、留言，以及別的甚麼新鮮玩意兒。當這些訊息撲面而來的時候，甚麼都來不及看清楚，在分心和匆忙中，我們做事的效率自然會降低。

匆忙的人總是會被手機傳來的各種訊息和郵件干擾，從而分心走神，讓思維出軌，無法把注意力停留在當下。而真忙的人，例如前面提到的首席執行官 Robin，則會專門安排時間聚精會神處理訊息和郵件。他對記者說：「雖然回覆訊息和郵件稍微晚一些，但總比三心兩意敷衍要好。」

Case #09

「短命」的餐廳總經理

經過獵頭公司的一番包裝，Samuel 意氣風發地空降到一家連鎖餐廳，當上年薪百萬的總經理。走馬上任之後，他大刀闊斧進行改革，為了減少成本，他把中層砍掉，要求基層員工直接向他彙報。結果，Samuel 要處理的事情越來越多，變得異常匆忙，他每天負責人事、財務、經營、質量、設備、安全和治安管理，早上剛走進辦公室，就有七八個員工尾隨着找他。

人事部問：「廚師要求加人工，加不加，加多少？」財務部問：「上月的糧油採購費，本周能否支付？」司機問：「公司貨車壞掉了，是否暫時改為租車？」採購部問：「食用油合約將要結束，想換別家，還是繼續合作？」行政部問：「天台的太陽能電熱系統故障，應該修理還是更換？」

Samuel 聽完員工們「吵吵嚷嚷」的彙報後，他的腦子裝下太多事情，一時間根本難以分清輕重緩急，他開始變得匆忙、緊張、焦慮、狂躁起來，語無倫次地回覆：「唔⋯⋯唉⋯⋯甚麼都找我，你們不能自己解決嗎⋯⋯昨天的事還未解決完，今天又有一堆事情⋯⋯人事部你去問問廚師想加多少人工⋯⋯太陽能系統壞了便修理，修理那麼多次的錢都夠買新的了⋯⋯貨車壞掉先自己修理吧⋯⋯」Samuel 每件事情都要兼顧，根本無法全身心投入其中任何一件事，看起來「日理萬機」，結果完全沒解決甚麼問題，翌日員工們還是繼續湧往辦公室找他。

故事的結局是，Samuel 變得比以前更匆忙，餐廳管理完全失控，業績暴瀉。兩個月後，迫於經營壓力，他的身心俱疲至極，不得不呈辭。

由 Samuel 的個案可見，思維專一和思維出軌，就是區分真忙或匆忙的關鍵。引用英國著名作家切斯特菲爾德（Philip Dormer Stanhope, Lord Chesterfield）說的話：「一次只專心於一件事情，那麼做完所有的事情只要一天就夠了。而同時關注兩件事情，一年的時間也不夠用。」（There is time enough for everything, in the course of the day, if you do but one thing at once; but there is not time enough in they year, if you will do two things at a time.)

思 維 專 一 與 思 維 出 軌

真忙 思維專一	匆忙 思維出軌
・全身投入 ・全神貫注 ・聚精會神 ・只做一事	・用心不專 ・心猿意馬 ・分心走神 ・兼顧多事

Robin 不被干擾的CEO	Samuel 無法完成任務 失去大好前程

3.3 疲於應付匆忙 努力活出真忙

　　我們換另一個說法，匆忙是機械性、令人疲於應付的忙，它會把活生生的人變成機器，令人們喪失最寶貴的激情和創造力；至於真忙則是在聚精會神之中忙碌，能夠最大程度地激發激情和創造力。

　　著名導演托尼‧帕爾默說過：「匆忙是對生命毫無意義的消耗，而真忙是對生命意義非凡的創造。沒有人一方面處在匆忙的狀態中，一方面還能創造出好的作品。偉大的作品之所以偉大，不是在不假思索的匆忙中一蹴而就，而是在靜靜思考中逐漸形成的。」

　　現在，隨着無線網絡科技的突飛猛進，都市人的生活和工作環境都發生了巨大變化，在海量資訊流動的世界中，人們難以避免遇上顛簸、碰撞和擠壓，也不得不變得匆忙。下表清楚地說明了這一點：

傳統和網絡世代的交替	
2000 年	**2020 年**
工作是一個地點	工作是一個過程
工作很穩定	工作很易丟失且不穩定
技術專家居於幕後	技術專家坐在董事會
上班時間固定，如朝九晚五	隨時都可以工作
在辦公地點才能工作	在任何地方都能工作
職業規劃是長線的	職業規劃有更大的不確定性
注重工作經驗	注重年輕活力
報紙是主要消息來源	網絡是主要訊息渠道
市場研究數據	大數據（Big data）
以個人簡歷或郵件應聘	在網絡上載求職訊息
單向交談	全體參與
一年換一次工作	一年換四次工作

　　生活和工作的變化超乎所有人預料，在這種環境下，越來越多的訊息在吞噬和分散人的注意力。我們變得越來越匆忙，越來越沒有耐心，因為當我們處於訊息高壓狀態下，就會產生無法停止的數據流，超過負荷的心態，最終會養成習慣性的匆忙。這也衍生出一種常見現象：人們無論到甚麼地方都要帶着智能手機，以防自己被世界遺忘，或者錯過了甚麼訊息。

手機成了匆忙者的新器官

　　為了適應環境變化，智能手機似乎成了人類的一個新器官，片刻不離手。我們吃飯時看新聞及收發訊息，搭車時看網頁和閱

讀電郵,但當各種各樣的訊息源源不斷迎面湧來之際,人們也承受了巨大壓力。其中最大的壓力之一,就是無端被打擾,讓我們分心走神,疲於應對。例如當我們正在進行重要談話時,手機 App 推送的訊息會強行闖入,無情地擾亂我們的思路。甚至晚上床幃之間,當我們正跟戀人親熱時,訊息的提示聲也會不識趣地響起。

人在頻繁遭打擾的情況下,便會很難集中精力做事。更大的問題在於,這還會為人帶來一定程度的壓力,不自禁地產生「一切都失控了」的無力感,繼而讓我們變得更加匆忙,失去創造力。

此外,由於內心的無力感,匆忙症患者的心理狀態很不穩定,容易生氣、激動,或盛氣凌人,或冷酷無情,或狂躁魯莽,令旁人覺得害怕,不願意親近。一位匆忙症患者曾對心理治療師剖白:

> 在匆忙中,我停止了思考,也失去了美好的感覺,常常陷入煩惱、憤怒、怨恨、恐懼、沮喪、失望和自責。我跟家人和朋友的關係岌岌可危。我迷失了自己,卻不知道為甚麼會走到這一步。我不知道到底發生了甚麼。最令人傷心的是,除了我自己之外,似乎沒有人明白我的感受。我的困境是一樁秘密。

科技發展,原本是為了幫助人們過更美好的生活,並不是要把我們變成機器。而匆忙症的可怕之處在於,它會令我們的心變得支離破碎,活在一套固定的程序裏,讓我們變得機械、麻木,失去創造力,甚至喪失人性。

3.4 匆忙和真忙 空虛與充實

　　在時代的喧囂和躁動中，到處都是令人眩暈的匆忙，我們變成時間的奴隸，對成功的炙熱追求，讓靈魂感到窒息，使自我消失。

　　匆忙的人毫無存在感，因為他們不知道自己究竟為甚麼而忙，只知道自己不得不忙。如果不忙，他們就會感到空虛、寂寞、孤獨和痛苦，同時也會感到自我沒有價值，更害怕自己在別人眼中也一文不值。

　　外在的匆忙除了使內心感到空虛之外，還會加強內在的虛榮心。虛榮，即是表面熱鬧，內心卻不夠溫度。有人說過，虛榮就像在高原上煲水。假如身處海拔四千多公呎的地方，水溫約攝氏八十餘度就會沸騰，但這種「開水」是虛假的，不能把食物煮熟，也不足以殺死某些細菌，外表上看起來沸騰不止，卻難以掩蓋內在的冰涼。

> 外在的匆忙除了使內心感到空虛之外，
> 還會加強內在的虛榮心。

　　印度哲人克里希那穆提說：「人只要一涉及面子問題，就不可能接近那無限的、不可臆測的實相了。」實相即是真相，包含

內心的真相，也包含外物的真相。至於虛榮心就像一座大山橫亘在中間，既阻斷了我們跟內心的聯繫，也阻斷了我們與外部世界的聯繫。法國哲學家亨利・柏格森也指出：「虛榮心很難說是一種惡行，然而一切惡行都是圍繞着虛榮心而生，全都是滿足虛榮心的手段而已。」(Vanity is hardly a kind of evil deeds, but all evil deeds revolve around vanity and are nothing but a means to satisfy vanity.)

當「忙」成為一種生活裝飾，一種滿足虛榮心的手段時，人們也就迷失在匆忙之中了。

真忙與匆忙的表達意圖

亨利・柏格森說：「藕發蓮生，必定有根。」這意味着，每一種行為，都是一種意圖的表達。真忙和匆忙各自表達了甚麼意圖？

根據作者的多年觀察，真忙表達了內心深處的渴望──不遺餘力成就自己，活出生命的底蘊。雖然這個過程也會讓人感到疲倦和辛苦，卻同時會為人帶來持久的充實，那是一種仿如爬山時成功登頂的滿足；反觀匆忙則大多數涉及內在空虛和虛榮心。

一些匆忙症患者對心理治療師形容：「如果不忙，我就會覺得自己是在浪費時間，浪費生命，我必須想方設法讓自己忙碌起來，以體現存在的價值。」也有患者說：「不忙，似乎就沒有存在感，只有忙起來，我才感到踏實，至於忙甚麼並不重要。」又或者說：「忙，能夠給我帶來榮耀感，說明我的生活狀態是積極的，而不是頹廢的。如果不忙，我就會覺得自己不夠重要，不夠積極，面目無光，也會被別人看不起。所以，我每天都會在社交網不斷發帖，猶如患了強迫症。」

儘管匆忙症患者每天都忙忙碌碌，卻不清楚自己內心最真實最深層的意圖。其實他們是因為空虛而匆忙，是想通過匆忙來填滿自己的生命，藉此填掉一個接一個漫長而空虛的日子；是想通過匆忙來趕跑痛苦，如同用止痛的嗎啡麻痺神經。

不過，用匆忙來填補空虛，得到的不是內心的充實，僅只是「填充」。用匆忙驅趕痛苦，帶來的不是快樂，而只是痛苦的「替代品」。「填充」與「替代品」都無法真正解決問題，因為在匆忙的身影中，匆忙症患者徹頭徹尾變成了懦弱的逃兵，他們從自己的內心中逃跑，也從真實的生活中隱遁，他們的存在僅僅是一個晃動的幻影。

真忙是為了成就更好的自己！

在表達意圖方面，如果說匆忙是為了遮掩內心的空虛或痛苦，那麼真忙則是為了成就更好的自己。這種對於更好自己的實現過程，並非意味着要去做一番了不起的驚天偉業。事實上，只要正視自己的內心，不逃避，無論是忙着做一件普通的工作，還是把時間用在某種愛好上，例如下廚……都會讓人感到充實，並從中領悟生命的意義，活出本色的自己。

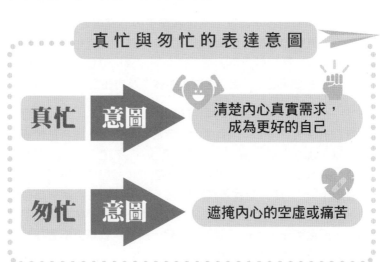

真忙與匆忙的表達意圖

真忙　意圖　→　清楚內心真實需求，成為更好的自己

匆忙　意圖　→　遮掩內心的空虛或痛苦

3.5 捨棄空轉人生 觸及生活本質

匆忙的人往往只懂停留在事情表面，不會深入思考收到的訊息，看書時也不會從頭到尾認真讀完，只想走馬看花地了解一下大概內容。

Case #10

DAVID 的「空轉式」職場生涯

年近三十歲的 David，大學畢業後未滿八年，已經換過了好幾份工作，每次打工的時間都不長。他給人的第一印象是反應敏銳，聰明幹練；可是上司和同事很快就發現他是缺乏耐心、做事浮躁的人。雖然他每天都按時上班，從不遲到早退，顯得很繁忙，卻總是沉不下心，抓不住工作重點。由於上述情況，他屢次被人辭退。

目前，David 正在四處尋找新工作。看到其他人都活得充實快樂，他的自我價值感一落千丈，深感沮喪和失落。

當 David 找心理治療師傾訴煩惱時，心理治療師不由得聯想到這樣一個畫面：一輛深陷泥濘的汽車，四輪飛速轉動，卻由於觸不着地面，車輪只能在爛泥中空轉。

的確如此，David 從沒有真正地深入工作，他跟工作的接觸很表面、膚淺，自然難以從工作中獲得多少存在感，他的人生就像「跣胎」的汽車，而所謂的忙，也僅僅是引擎和車輪在空轉。

匆忙的人雖然一天到晚忙得不可開交，卻常常感到空虛、失落和沮喪，並不能從這個世界獲得多少存在感。當中最關鍵的原因是，他們的忙僅是漂浮在事物表層，一知半解，不能夠更進一步深入下去。

匆忙的人都浮在事情表面，不會深入思考分析收到的訊息，以看書為例，他們不會從頭到尾讀完一整書本，只想走馬觀花了解大概。倫敦帝國理工學院結構生物學教授史蒂芬‧居里（Stephen Curry）說：「不是每件事情都可以用八百至一千字說明清楚，書籍在論述一個觀點時會更深入和有系統。」但對匆忙症患者來說，靜下心讀完一整本書是非常艱巨的任務，他們更傾向於在互聯網上進行碎片化的閱讀、快餐式的消費。

拒絕匆忙　用生命去做每件事

不管是讀書，還是做事，要了解一樣東西，我們都必須活在其中。我們必須仔細觀察、思考，認識目標對象的內涵、本質、結構，以及規律。真忙的人不管在甚麼領域、從事甚麼工作，他們都能腳踏實地，把全部精力傾注其中。由於心無旁騖，他們能夠深入事物深處，看見別人沒察覺的東西，發掘他人未知的秘密；並透過觸及事物本質，獲得強大存在感。紀伯倫在《先知》（The Prophet）中寫道：

> 人在工作的時候，才可與大地合拍，才可與大地的精神一同前行。
> 因為懶惰會使一個人成為匆匆過客，生命的隊伍莊嚴地前進，而你卻成了一個落伍者。
> 在你工作的時候，你是一支笛子，從你心中吹出時光的低語，變成音樂。

你們誰肯當一根蘆葦，在萬物合唱的時候，你卻痴呆無聲呢？

總有人對你們說：「工作是一種詛咒，勞動是一種不幸。」

但我要對你們說：「只有在工作中才能實現大地最深遠的夢想，只有在勞動中才能真正熱愛上生命。」

通過工作來熱愛生命，就是領悟了生命最深的秘密。

…………

也總有人對你們抱怨：「生活是黑暗的。」每當你們疲倦的時候，都會隨聲附和。

而我要說，生活的確是黑暗的，除非是有了渴望；

一切的渴望都是盲目的，除非是有了知識；

一切的知識都是徒然的，除非是有了工作；

一切的工作都是虛空的，除非是有了愛；

當你們帶着愛去工作的時候，你們便與自己、與他人、與上帝緊密聯繫在了一起。

怎樣才算帶着愛去工作？

是用你心中的絲線織布縫衣，彷彿你摯愛的人將穿上這衣裳；

是帶着熱情建築房屋，彷彿你摯愛的人將居住其中；

是帶着深情播種，帶着喜悅收穫，彷彿你摯愛的人將品嚐果實。

是將你靈魂的氣息注入你所有的製品。

要知道這樣的人承蒙聖者的福佑。

(You work that you may keep pace with the earth and the soul of the earth.

For to be idle is to become a stranger unto the seasons, and to step out of life's procession, that marches in majesty and proud submission towards the infinite.

When you work you are a flute through whose heart the whispering of the hours turns to music.

Which of you would be a reed, dumb and silent, when all else sings together in unison?

Always you have been told that work is a curse and labour a misfortune.

But I say to you that when you work you fulfil a part of earth's furthest dream, assigned to you when that dream was born,
And in keeping yourself with labour you are in truth loving life,
And to love life through labour is to be intimate with life's inmost secret.
....
You have been told also that life is darkness, and in your weariness you echo what was said by the weary.
And I say that life is indeed darkness 'save when there is urge,
And all urge is blind save when there is knowledge,
And all knowledge is vain save when there is work,
And all work is empty save when there is love;
And when you work with love you bind yourself to yourself, and to one another, and to God.
And what is it to work with love?
It is to weave the cloth with threads drawn from your heart, even as if your beloved were to wear that cloth.
It is to build a house with affection, even as if your beloved were to dwell in that house.
It is to sow seeds with tenderness and reap the harvest with joy, even as if your beloved were to eat the fruit.
It is to charge all things you fashion with a breath of your own spirit,
And to know that all the blessed dead are standing about you and watching.)

　　在這裏，紀伯倫用詩的語言為我們描繪出真忙究竟是甚麼樣子。也正如著名導演托尼‧帕爾默所說：「當一個人用生命去做一件事情的時候，這件事情也就有了生命。」

第四章

溯源

● ●

心靈焦慮與災難化思想

4.1 匆忙症患者 存在強迫症傾向

　　Hannah 是一位銷售經理，她約了心理治療師在一家 Cafe 見面。Hannah 一邊和治療師說話，一邊忙着處理還沒做完的工作，她說：「我想一直保持良好業績，但我不可能透過威脅別人的方式來進行銷售，應該先要建立信任，然後再建立長期合作，我必須隨時了解每個客戶的情況，必須保持忙碌。」

　　「你這麼忙碌，肯定擁有很多客戶和朋友了？」心理治療師問。

　　「這樣做雖然未必一定能夠抓住客戶的心，但我不會像其他人般，過濾掉認為沒用的客戶，我會跟所有人保持聯繫，即使這有時會令我累透！」

　　顯然，Hannah 是患有匆忙症的人，她害怕失敗，不想錯失任何一個客戶、任何一個機會，但她這種窮追不捨、步步緊逼的態度，也讓她失去了做事時的淡定和從容，弄得自己疲倦憔悴。

　　「很多時候，我覺得身不由己，不得不忙，就像有一支『槍』頂在後背，命令我『快點、快點，再快點』！」Hannah 形容的「身不由己」，彷彿有「槍」頂着她加快步伐，恰好說明了匆忙症存在強迫症的傾向。

　　科技發展為社會帶來方便，同時也為人們帶來壓力。無孔不入的智能手機，全天候對我們造成壓力。一項調查顯示，除了如

廁時看手機，人們還喜歡在看電視（百分之七十）、躺在床上（百分之五十二）、度假（百分之五十），甚至開車時（百分之十八）使用手機。各年齡群比較，千禧世代（一九八二年至二〇〇〇年出生者，這是電腦和互聯網高速發展的時期）使用手機更頻繁，地方也更不固定，也更願意在公餘時間查看工作電郵。

> 無孔不入的智能手機，
> 全天候對我們造成壓力。

　　由於人們缺少安靜思考的時間和空間，對發生的事情總是快速地作出反應，承受着越來越大的壓力。就像這個案中的Hannah，彷彿被一支「槍」逼着，時刻留意客戶的一舉一動，生怕錯失任何商機。

　　我們整天被壓力包圍，壓力無處不在，面對這個既存事實，大多數人選擇沉默，拿「沒有壓力的人生沒有意義」這類口號自我安慰，好像壓力越大越好。事實上，沒有人願意被生活壓倒，也沒有人真心喜歡活在巨大壓力之下。一項蓋洛普民意測驗（Gallup Poll）發現，八成受訪者稱工作壓力很大，近一半坦承難以正確管理和應對壓力，四成二人表示其同事也難以正確管理和應對壓力；七成人在計劃日程之外（包括週末）仍須工作，當中超過一半受訪者把原因歸結為「自己給自己造成的壓力」。

　　在壓力之下，從早上睜開眼，人們就開始了緊張忙碌的生活，步履匆匆，覺得生活和工作充滿十萬火急的事情，仿如牛馬一樣，被無窮無盡的事務驅趕着。我們的身邊總是不乏這樣的人，他們每天都在跟時間賽跑，行動如風，沒人知道這陣風從哪裏來，又要往哪裏去。

強迫性的思維與行為

強迫症患者的特徵是不能控制自己的想法、情緒和行為，他們的大腦中老是閃現一些侵入性的念頭：「弊傢伙，今早出門時，我是否忘了關掉冷氣？」同時，他們還會不停重複一些毫無意義的行為，例如頻密地洗手，總覺得沒洗乾淨。部分行為甚至會違背自身意願。

筆者的一位心理治療師朋友，有次他去機場接人，穿了一件豎起領子的風褸，這時有兩個正在談天的男子經過這位朋友身邊，其中一人看着朋友的風褸領子，接着竟伸出手把領子壓了下去！朋友被那人的舉動嚇了一跳，但轉瞬間他就明白，這位男士患上了強迫症，他並非對自己無禮，只是身不由己，無法控制壓低領子的行為。

一般人即使看不慣別人穿豎領風褸，但因懂得尊重別人的選擇、生活和文化習慣，不會動手干涉。實際上，不管是在服裝設計、建築施工，還是城市規劃方面，多元容納都是心理健康的象徵，世界本來就千姿百態，只有那些心理喪失彈性、僵化死板、麻木不仁的人，才會控制不住自己去干涉他人的自由。

強迫症分別包括強迫思維和強迫行為。假如你有以下情況，可能已經患上強迫症：

- 腦海經常有侵入性的念頭和想像，而且是愚蠢、不堪入目，甚至是可怕的念頭。

- 經常懷疑自己未有鎖門窗，又或者忘記關水喉、電器。

- 時常擔心控制不住自己說出具攻擊性的話，做出攻擊性的行為。

- 經常反覆想一件事情，或者做一件事情，唯有如此才會感到輕鬆。

- 經常洗澡，或者反覆洗一件東西。

- 做一件事情必須反覆檢查多次才放心。

- 保留了許多認為沒用卻又不捨得扔掉的東西。

　　與強迫症相似，匆忙症患者往往也會冒出侵入性的念頭和想像，譬如「再不加快步伐就來不及了」、「不忙碌起來，我很可能完成不了工作，最終被老闆炒魷魚」、「社會發展得太快，短暫的鬆懈很快會令自己落後他人」。

　　再借用 Hannah 的個案，她對心理治療師說，有次去了很凍的地方公幹，看見路邊樹下有幾個流浪漢裹着膠袋蜷縮在一起。她說：「當時我想，如果自己鬆懈下來，將來也可能會變得像他們一樣。這麼多年來，那一幕總會時不時在腦海閃過，令我不得不強迫自己要更加忙碌。」

　　無論是強迫症抑或匆忙症患者，共通症狀都是身不由己、不由自主、情不自禁，最後使工作失去方向，生活也失去控制。強迫症會讓人承受內心劇烈的衝突和痛苦，消耗活力。而匆忙症則驅使患者像一部高速運作的影印機，對生活和工作中發生的事情迅速作出機械而僵硬的複製，喪失獨立思考能力；由於越來越忙，人們再也感覺不到充實和滿足，只會被緊張、焦慮和煩躁不安的情緒緊緊包圍，再也難以回歸淡定從容。一般來說，幾乎每個人在一生的某個階段，都患上過不同程度的匆忙症，每天不停地忙碌，一刻也閒不下來，更為此精疲力竭，徹夜難眠。

強迫症與匆忙症的特點

匆忙症

- ·侵入性的念頭和想像
- ·機械而僵硬的複制
- ·失去獨立思考能力

強迫症

- ·強迫思維
- ·強迫行為

共同症狀

- ·情不自禁
- ·不由自主
- ·身不由己

- ·生活失去控制
- ·工作失去方向

經由智能手機帶來的巨量即時資訊，轟炸着現代人的日常生活。

4.2 內心焦慮才是匆忙症根源

　　Jeffrey 是剛畢業的大學生，在 IT 行業找到了一份工作。最初看起來很不錯，但好景不長，隨着工作深入，壓力亦越來越大。為了完成一個大型項目，他經常開 OT 至深夜；同時變得憂心忡忡，擔心工作出錯會被老闆炒魷魚，害怕無法應付信用卡支出，憂慮女朋友會跟他分手。總之他一直在為那些還沒有發生，又或者根本就不會發生的事情而擔驚受怕。

　　最近，情況越來越差，那些揮之不去的擔心和焦慮在 Jeffrey 腦內徘徊，令他變得憂心如焚，疲憊不堪。除了夜不能寐，他還越來越緊張，精神很難放鬆下來，煩躁、易怒、反覆無常，常常為一件小事大發脾氣，總是毫無理由地埋怨、指責別人。

　　儘管 Jeffrey 已極力控制着個人情緒，試圖通過分散注意力讓自己平靜下來，但無止盡的擔憂日夜纏擾他，把他推向崩潰邊緣。他常常自我安慰：「船到橋頭自然直，所有事情總會否極泰來。」但似乎總有另一把惡魔般的聲音在迴盪：「你的生活只會永遠那麼壞。」

　　根據「戰或逃反應」（Fight-or-flight response）這個心理學概念，即使 Jeffrey 想像出來的威脅和危險只有萬分之一的發生機率，他也會視之為真實，因為在他眼中，不怕一萬，就怕萬一。為了避免那些可怕的事情出現，他身不由己地逼迫自己日夜忙碌，陷入匆忙症的泥沼。

　　匆忙症是一種非常複雜的心理問題，你需要深入本心，不斷叩問自己，才能發現其根源。透過多種症狀表現，我們可深入分析匆忙症內部的驅動力。實際上，我們可以把匆忙症看成是在台上表演的木偶，翻來撲去，但牽動他們的只不過是一根根細線，而這根細線就是焦慮。

其實只是焦慮症的外在表象

　　也許你認為導致匆忙症的原因是緊張的生活、激烈的競爭，或者是承受了太大的壓力，其實這些外部原因都未必一定會令人患上匆忙症。很多人在艱難環境中，遭受別人難以承受的打擊和壓力，依然能夠坦然面對，不慌不忙堅定前行。實際上，匆忙症最根本的原因並非源自外部，而是內心的焦慮！或者說，匆忙症其實是焦慮症的外在表現形式，而焦慮症則是匆忙症的病根。美國加州門羅公園長老教會主任牧師約翰·歐特堡（John Ortberg）在著作《十個改變生命的屬靈操練》（*The Life You've Always Wanted*）中寫道：「令你匆忙的不是一張混亂行程表，而是你那顆焦慮的心。」（Hurry is not just a disordered schedule. Hurry is a disordered heart.）

　　焦慮是對未發生事情的擔心、憂慮、緊張和害怕，焦慮源於恐懼，恐懼是一切焦慮狀態的核心。人們之所以感到焦慮，其實是因為內心深處潛有恐懼。然而，恐懼不等於焦慮。恐懼是人們面對某種特定事物或情景時所作出的最基本自發反應，包括對實際危險的識別或感知。

　　每個人都會經歷恐懼。當我們看到煙霧瀰漫的暗室、公路上的失控車輛、持槍歹徒，或者聽到飛機師說起落架無法正常使用，飛機準備緊急着陸時，都會感到恐懼。恐懼是普遍存在的一

種情緒，它很有用，當身處險境時為我們響起警報。感到恐懼之際，腎上腺素會迅速飆升，力量急速集中，讓身體能夠第一時作出「戰或逃反應」，盡快應對眼前的危險。

> **焦慮是對將來可能出現的**
> **威脅和危險的擔憂。**

恐懼是對現實威脅和危險的反應，焦慮是對將來可能出現的威脅和危險的擔憂。這些威脅和危險有可能出現，也可能不會出現，換句話說，焦慮是針對未來的，它被「最怕萬一」所操控。人們不會對已經發生了的舊事感到焦慮，而是沉迷於對未來的過度幻想，對未來可能發生的威脅和危險感到憂心如焚：

萬一考試時我甚麼都想不起來怎麼辦？
萬一我的工作沒辦法完成怎麼辦？
萬一我被老闆炒魷魚怎麼辦？
萬一我身無分文流落街頭時怎麼辦？
萬一我被人恥笑怎麼辦？

這些持續的情緒狀態就是焦慮。跟焦慮相比，恐懼的時間很短，當威脅和危險消失，警報解除後，恐懼情緒便煙消雲散。焦慮則是時間更長、更複雜的情緒狀態，可以使人生活在水深火熱之中。

當然，適度焦慮是必需的，所謂人無遠慮必有近憂。適切的焦慮驅使我們提前做好準備。例如，焦慮可鼓勵人提前把講稿背得滾瓜爛熟，避免出錯；可以讓我們在危險還沒發生時，防患未然。不過，這並不是說焦慮越多越好，如果焦慮過了頭，就會適

得其反。若為萬分之一的威脅和危險付出百分之百的精力，還怎麼有精力去處理剩下來的萬分之九千九百九十九項事情呢？

多年來，筆者見過太多被焦慮折磨得苦不堪言的人。他們每天都活得提心吊膽，臉上時刻掛着緊張和憂慮的表情，一天到晚匆匆忙忙，寢食難安。焦慮有如一個狂燃不息的火頭，燒掉他們的快樂和幸福，焚乾了他們全部的心血，直至筋疲力盡。

4.3 最勇敢的人也一樣會感到焦慮

　　恐懼是對危及外來威脅的感知，是一種基本、自發性的警戒狀態。焦慮則是對潛在危險的持續、複雜情緒狀態，往往是自己無法預期和控制的。當焦慮過了頭，反過來影響生活和工作，原本正常的焦慮也就釀成焦慮症。

　　世上有不少人曾經、正在或即將經受焦慮症的折磨，歷史上一些大名鼎鼎之士，也曾經在焦慮中苦苦掙扎。英國首相丘吉爾被譽為二戰時英國最勇敢的人之一，其演講激勵了成千上萬的英國人，如今讀來，依然盪氣迴腸——

　　　雖然歐洲的大部分土地和許多著名的古國，已經或可能陷入了蓋世太保及所有可憎的納粹統治機構魔爪，但我們絕不氣餒、絕不言敗！

　　我們將戰鬥到底。

　　我們將在法國作戰，我們將在海洋中作戰，我們將以越來越大的信心和越來越強的力量在空中作戰。

　　我們將不惜一切代價保衛本土，我們將在海灘作戰，我們將在敵人的登陸點作戰，我們將在田野和街頭作戰，我們將在山區作戰。

　　我們絕不投降！

　　(Even though large tracts of Europe and many old and

famous States have fallen or may fall into the grip of the Gestapo and all the odious apparatus of Nazi rule, we shall not flag or fail.

We shall go on to the end.

We shall fight in France, we shall fight on the seas and oceans, we shall fight with growing confidence and growing strength in the air, we shall defend our island, whatever the cost may be.

We shall fight on the beaches, we shall fight on the landing grounds, we shall fight in the fields and in the streets, we shall fight in the hills; we shall never surrender.)

丘吉爾的演講擲地有聲，喚醒了每一位英國人心中的雄獅。但誰能想到，丘吉爾是一位患有焦慮症的人。不單是丘吉爾，第十六任美國總統林肯也曾得過焦慮症。因此，如果你也患有焦慮症，無法自控地對未來憂心忡忡、驚恐不安，其實不必尷尬、羞愧或自責，因為踩在焦慮泥沼中的不獨你一人。

焦慮症有很多類型，有強迫症、急性焦慮症、社交恐懼症、氣流恐懼症、幽閉恐懼症和憂慮症等。

急性焦慮症：發作時，會胸悶氣促、心跳加快、頭重腳輕，腦袋暈暈，好像馬上就要昏倒一樣……人們常常誤以為是心臟病發，可是到醫院檢查，心臟沒有任何問題，背後完全來自緊張和焦慮。

社交恐懼症：害怕與別人講話和交往，與別人交往常常感到緊張、焦慮和尷尬，擔心別人看着他，議論他，評價他。

氣流恐懼症：坐飛機遇到氣流顛簸時，擔心飛機會從空中掉下來，因而變得緊張和焦慮。

幽閉恐懼症：害怕待在狹窄空間內，譬如廁格或電梯內。

　　儘管焦慮症各式各樣，但這些焦慮其實都是不理性的、非必要的。可是，綜觀所有種類的焦慮症，跟匆忙症關係最直接的則是憂慮症。

‧ ‧ ‧

匆忙症的綜合症狀

　　憂慮，就是擔心，沒完沒了的擔心，一直在擔心，毫無理由地擔心，非理性的擔心。我們擔心自己會成為無名小卒，被別人踢來踢去。我們擔心自己會被別人看不起，無地自容。我們擔心步伐跟不上，最後被淘汰出局。當各種擔心變成揮之不去的心魔，就會引發成匆忙症，驅使我們在認知、心理、生理和行為上作出反應──

認知症狀

腦海中出現侵入性的念頭

抑制不住想像可怕的結果

害怕事情失控、無法解決

害怕別人對自己評價太低

無法集中注意力、思緒混亂

警覺過度

記憶力減退

無法客觀看待事物

心理症狀

感到緊張、心慌、焦灼

感到害怕、忐忑不安

神經過敏、疑神疑鬼、戰戰兢兢

焦躁不安、易怒

生理症狀

心跳加快、心悸

呼吸短促、頻率加快

出汗、潮熱、渾身發抖

身體不自覺地顫抖

四肢麻木、有刺痛感

身體虛弱、站不穩

肌肉緊張、僵硬

口乾舌燥

行為症狀

極力尋求安全感

躲避、隱藏

緊張、忙碌、不想休息、加快節奏

過度換氣、大力呼吸

身體僵硬

在上列最後一項的行為症狀中，我們可以看出，無論是近在眼前的威脅，還是遠在天邊只有萬分之一概率的危險，只要人們感受到了，都會本能地選擇「戰或逃反應」。逃跑，意味着採取躲避和隱藏的方式來應對危險，古羅馬詩人奧維德（Publius Ovidius Naso）說：「隱藏得很好的人，活得很好。」在迴避和隱藏的逃跑過程中，人們不敢正面面對危險，會尋找各種各樣的藉口來拖延，從而形成拖延症。若選擇戰鬥，意味着試圖戰勝那遠在天邊的威脅和危險，讓自己感到安全，但在搏鬥過程中，由於根本沒有明確敵人，目標不清晰、似有若無，不管如何努力、如何忙碌，只會讓自己氣喘吁吁，毫無收穫，陷入手忙腳亂的匆忙症。

從表面上看，拖延症與匆忙症分別屬於兩個方向：前者儘量

拖延威脅，後者急於面對危險；如把兩者放到「戰或逃反應」此一層面上分析，則同樣是對於威脅和危險的本能反應而已。問題之所以成為問題，是因為它會為我們帶來煩惱和痛苦，患拖延症的人由於害怕面對問題，所以極力選擇拖延的方式避免陷入煩惱。可是，你若不解決問題，你就會變成問題。因此，拖延症讓很多人成了有問題的人。

與之相反，患有匆忙症的人是急於解決問題，他們猶如熱鍋上的螞蟻，沒完沒了的擔心和焦慮不斷煎熬着他們。譬如：擔心時間快到了，所以會情不自禁地加快腳步；擔心被別車超越，所以會逢車過車、攝位扒頭；擔心被這個時代拋棄，所以會匆忙前行。

> 患有匆忙症的人是急於解決問題……
> 沒完沒了的擔心和焦慮不斷煎熬着他們。

由於時刻感到焦慮不安，即使懷着美好的願望，想盡力解決問題，惟在行色匆匆中，他們只能對問題作出蜻蜓點水般的接觸，無法深入地看清楚問題的全貌和本質，當然也無法徹底解決問題。匆忙症不會僅僅表現在行為上，而是認知、心理、生理和行為上的綜合反應。

我們再引用本節開首提過、剛畢業大學生 Jeffrey 的案例。匆忙症發作時，Jeffrey 的認知上首先產生了以下一連串想法：「客戶、上司又再催促了，這個項目的截止日期將至，但我現在還未能完成，恐怕來不及了。」「同事們的工作進展好像都很順利，莫非是我的能力有問題？」「工作無法如期完成，會影響我的晉升。」「我會不會被公司辭退？」「唉，現在很難找到好工作了。」「被炒魷魚證明我真的很失敗，一無是處。」

緊接着，在心理層面，Jeffrey 會感到忐忑不安、緊張焦慮、憂心如焚、神經過敏，情緒變得極度脆弱，不是疑神疑鬼，

就是無緣無故地暴跳如雷、喜怒無常。至於生理方面，他會心跳加快、呼吸急促、身體僵硬，由於精神上消耗了大量心血，他會感到心累、四肢無力、注意力分散、疲憊不堪。

最後，在行為上，不論是心理和生理均消耗了大量精力的 Jeffrey，會逼迫自己不停做事，不斷工作，讓自己陷入匆忙症。

總括而言，匆忙症屬於一種綜合症（syndrome），包含了認知上的誇大事實、精神上的歇斯底里，以及行為上的手忙腳亂，結果導致患者的工作和生活全部亂成一團。

匆 忙 症 屬 於 一 種 綜 合 症

焦慮症

- 強迫症
- 急性焦慮症
- 社交恐懼症
- 氣流恐懼症
- 幽閉恐懼症
- 憂慮症

匆忙症是綜合症

- 認知上的誇大事實
- 精神上的歇斯底里
- 行為上的手忙腳亂
- 工作生活亂成一團

4.4 災難化思想 誘發了匆忙

匆忙症源於沒完沒了的擔心和焦慮，而且患者往往都存有一種「災難化思想（Catastrophizing thoughts）」。以下看看另一個案例：

Case #11

Marlon 一連串糟糕想法

　　Marlon 是一家廣告公司的資深設計師，這天他上班稍微遲到了一點點，剛返回座位，上司便一臉嚴肅地對他說：「稍後進我辦公室談談。」Marlon 的座位與上司房間距離很近，步程不足三十秒，但在走到上司房間的這段短短時間內，Marlon 心中可謂翻江倒海、千思萬緒，不斷萌生出各種各樣災難化思想：遲到了要受罰？是不是上星期不小心做錯的一件事東窗事發了？上司會否對我大發雷霆？同事們聽見我被上司這樣訓斥，以後還有甚麼面子？公司會不會炒我魷魚？

　　結果，當 Marlon 硬着頭皮見上司後，卻發現自己想得太多了，原來上司是要把公司新近一項重要工作交給他處理。而 Marlon 踏入上司房間之前那一連串糟糕想法，在心理學上稱為「災難化思想」。

在上述例子中，災難化思想出現的時間很短暫，只有數十秒，跟上司見面後，這些想法就會煙消雲散。但是，如果你的災難化想法不是那麼快就揭開謎底，你的感受會怎樣呢？想到那一柄柄高懸在頭頂上方的達摩克利斯之劍（The Sword of Damocles），是不是會讓你心亂如麻，惶恐不安？為了避免傷害，你又會否歇斯底里地奔跑，讓自己變得步履匆匆，形色倉皇？

假如你覺得即將發生糟糕的事情，並為此作出最壞打算，這是合情合理的。例如被老闆炒魷魚該怎麼辦？在客戶面前腦子突然一片空白該怎麼辦？可能忘了關煤氣爐因而導致火災該怎麼辦？當你過度專注於這些重複的不可控、莫須有的災難性結果，並在心裏反覆預演可怕的結果，急於解決問題，就會陷入匆忙。

災難化思想源自擔心，但是擔心並不一定會升級為災難化思想。每個人都會有擔心，包括擔心完成不了工作，擔心個人健康，擔心孩子受傷，擔心別人會認為自己不稱職，擔心自己會失去工作、破產，我們擔心一切可能發生的壞事情，而潛在的擔心可謂無窮無盡，但當我們被這些擔心緊緊控制着，它就會升級為災難化思想。災難化思想是自動產生的：

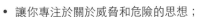

- 讓你專注於關於威脅和危險的思想；
- 助燃了一種不確定感，因為它總是面向未來的，而未來是不可知的；
- 讓你陷入誠惶誠恐之中，無法客觀現實地解決問題。

斑馬不會感到焦慮

　　災難化思想傾向於聯想到未來最糟糕的場景、最壞的結果。這是人類獨有的思維，長頸鹿不會為晚年的養老金和醫保問題擔心，人類則會對未來愁腸百結。羅伯特・薩波斯基（Robert Sapolsky）在其探討精神壓力問題的科普著作《為甚麼斑馬不會得胃潰瘍》（*Why Zebras Don't Get Ulcers*）內寫道，如果一匹斑馬剛從獅子口中僥幸逃脫，縱使這匹斑馬的腿上傷口還在流血，但當危險過去之後，牠很快就會重新回到草地，平靜地吃草。反觀我們人類會怎麼做呢？我們會為萬分之一的危險作出百分之百的準備，還會對已經過去的危險耿耿於懷，甚至對別人遭受的危險杞人憂天。

　　當然，我們並非否認未雨綢繆的重要性和必要性，關鍵在於物極必反，如果我們持續陷入緊張和焦慮之中，三番四次，開始一鼓作氣，再而衰，三而竭，那麼當真正的威脅和危險來臨時，便心有餘而力不足了。

　　災難化思想驅使人們會不自覺地誇大事實，把威脅和危險看得比實際情況嚴重得多，導致認知上出現偏差。再舉個例子，Zoe 是一位聰明漂亮的女生，但從小至大都時常認為別人不喜歡她，甚至討厭她，基於這種糟糕想法已經根深蒂固，難以改變，她為了努力獲得別人認可，不僅拼命學習，考得著名大學的 MBA 學位，還獲得一家大型電力公司的工作。儘管 Zoe 表現優秀，然而她在跟別人相處時總是缺乏自信，很易感到緊張不安，生理上的表現就是臉紅。

　　災難化思想就是這樣，它是不斷猜測未來可能出現的災難——「我很可能丟掉工作，流浪街頭」；是非理性的憂慮——「如果那樣……我該怎麼辦」；是與實際情況脫節的持續誇大和妄想——「不怕一萬，最怕萬一」。

災難化思想遵循的原則是：最壞的情況，如果有可能發生，就必然會發生；最好的情況，如果未必能達到，就必然達不到。這顯然並非真實的情況。馬克·吐溫在晚年總結其人生時，說了一句充滿睿智的話：「我一生中擔心過很多事情，但它們中的大部分都沒有發生。」（I have spent most of my life worrying about things that have never happened.）

> 災難化思想驅使人們不自覺地誇大事實，
> 把威脅和危險看得比實際情況嚴重得多。

災難化思想為何牢不可破

原本在貿易公司工作的 Jade，前一年不幸失業了。頓失收入來源後，她天天都產生災難化思想：「存款快見底了，明天會不會餓死？」「若償還不了按揭貸款，銀行會否馬上收樓，全家人要瞓街？」「丈夫會不會突然提出離婚？」這些想法一個接一個浮出來，令她神經緊張，整天只管拚命找新工作，差不多要發瘋。

無論別人如何安慰 Jade──「你想多了，不至於出現那樣的結局」，無論她本人閱讀多少勵志書籍希望撫慰自己──「凡事要往好處想，要有正能量」，但災難化思想偏偏就像「離離原上草，野火燒不盡，春風吹又生」，Jade 最終發現，腦海中的災難化思想已經牢不可破，她似乎只能束手就擒，受其驅使。

為甚麼災難化思想會這麼容易產生，又如此牢不可破呢？

如果你發現自己會不由自主地把事情聯想往最壞的方向，首

先，須知道你不是異類，其實很多人都跟你一樣，即使是丘吉爾那般勇敢不屈的人，他也不是時時刻刻充滿着正能量，他亦有害怕的東西，有憂心的時候，而且他很多時都處於深度焦慮，受到災難化思想控制。大多數人認為勇敢就是不恐懼不焦慮，其實不恐懼焦慮才不是勇敢，真正的勇敢是儘管感到恐懼和焦慮，但依然能夠大踏步前行。

> 真正的勇敢是儘管感到恐懼和焦慮，
> 但依然能夠大踏步前行。

不過，我們需要充分了解災難化思想。過去二十年來，心理學的研究對此已經有了更多結論。災難化思想是自動產生的，時間非常快，不到半秒，亦就是說在我們的意識還未有察覺到的時候，災難化思想就已經下意識地出現了。

當外界發生某件事情後，我們的注意力會第一時間判斷刺激來源，無論是電腦上彈出的廣告、從你身邊行過的上司，還是遠處閃爍的紅光，都可能是刺激來源。

靠甚麼來判斷刺激？

讓我們想像遠處駛來一輛消防車，上面的紅色燈號正在閃爍，警號長響，你轉身望向聲音傳來的方向，大腦同時鎖定聲音源頭；由我們停下、聽到再望過去，反應速度極快，我們眨眼間就能判斷那是一輛甚麼車，來自哪個方向，如果空中彌漫着一股煙味，我們還可進一步推斷發生了甚麼事，消防車將會做甚麼。在上述過程中，我們運用了聽覺、視覺和嗅覺這三種感官知覺，還未動用觸覺和味覺。

危險想法很難從根源解決

　　注意判斷過程的第二步，是接觸更多的訊息。當注意到警號的來源之後，我們會開始關注大量細節。消防車從駛過時，你注意到車上各式救火設備，你又看到消防員們全副武裝，頭盔下露出堅毅眼神。或許你甚至能回憶起某一部電視劇或電影的畫面，或是曾在報紙上看到消防部門申撥款項更新設備的消息……你正在充分關注這次「刺激」，吸收各方面訊息，由大腦對素材進行組合。你透過警號追蹤聲音來源，再投放注意力，調動大腦機能來關注並分析它，而這一切僅是發生在數秒之間。這是人類與生俱來的能力，我們可以非常快速地吸收和處理大量訊息。人類首要目標是生存，其次才是追求幸福，故在面對威脅和危險時，每一根神經都會保持緊張，以便隨時作出反應。

　　當發現消防車不是駛往你寓所的方向，你會感到安心，但也不排除你會生出這種想法：「今早出門時，家裏的煤氣爐關了嗎？」顯然你記不清了，也許關了，也許沒關，萬一沒關引致火災怎麼辦？當你想到火災會把居所、床椅、新買電腦、雪櫃……頃刻之間化為一片焦炭，遂變得焦躁不安，心急如焚。

　　需要注意的是，看到消防車駛過，這是一個客觀事實，但從消防車聯想到家中煤氣爐可能沒關，下意識地產生災難化思想，僅需半秒。如果未經訓練，你不會察覺到災難化思想產生的過程並及時制止，只會讓它像滾雪球般越滾越大，直到它逼迫你採取行動，或者打電話問鄰居，或者匆忙跑回家查看。

　　災難化思想根深蒂固的主因有二：一、**它源自人類的求生本能**；二、**其出現的時間太快、太短暫，我們很難察覺，也很難從源頭着手解決**，因為它只給我們留下半秒鐘的時間，錯過這半秒，大腦就會自動掃描環境中的威脅信號，心理學稱之為危險線索（danger cues），藉此來印證危險的想法。換句話說，我們整個精神系統都會被災難化思想綁架、禁錮、控制，變得身不由己，匆匆忙忙。

4.5 災難化思想誕生的六部曲

　　如果你想跟腦海中的假想敵（危險想法）進行殊死搏鬥，無異於唐吉訶德大戰風車。唐吉訶德把郊外三四十架風車視為假想敵，瘋狂地與之戰鬥，結果慘敗而回。「戰或逃反應」可以處理外在敵人及威脅，卻永遠無法消滅內在假想敵。真實的敵人危險，而假想的敵人更危險。

　　對某件事情導入災難化思想後，你在感到忐忑不安之際，會自發地啟動「戰或逃反應」模式，你急於採取行動解決問題，冀儘早獲得安全感，故不遺餘力地加快步伐，一刻也不耽擱，一秒也不拖延，拚命與事情搏鬥，直到自己感到安全。

> 災難化思想並非來自外客觀事實的危險，
> 往往只是個人主觀猜測和想像。

　　毋庸置疑，「戰或逃反應」是人類應對外來危險的最有效方式，這是生命進化的成果。然而，災難化思想並非來自外客觀事實的危險，往往只是個人主觀猜測和想像，它們是不真實的，或至少不是完全真實的，只是你心中的假想敵。如果你把草原上緩緩轉動的風車當成「假想敵」，你就會淪為唐吉訶德。

災難化思想就像電腦病毒，一旦被激活，它就會迅速控制電腦系統，扭曲你的認知，顛倒你的想法，篡奪你的感受，最終令你的行為失去理性、無法自拔，變得匆忙而瘋狂。災難化思想的誕生有六個步驟：

第一，高估危險。關注事情最壞的可能性結果。例：看見上司陰沉的臉，就覺得是針對自己的，或者因為在報告中犯錯了就覺得要被辭退了。

第二，妄自斷定。認為某個可怕結果的發生概率極大。例：考試時不確定某個題目的答案，就妄下結論認為會不及格。

第三，視野狹隘。只關注跟危險有關的訊息而忽略其他安全訊息。例：當一件事情發生時，只想到事情壞的一面，看不到事情還有好的一面。

第四，目光短淺。眼睛只緊緊盯着危險，看不到危險後面的機會。例：一遇到困難，就覺得大禍臨頭。

第五，情緒化推論。認為自己的焦慮感越強烈，實際威脅越大。例：這件事情我肯定無法完成，否則我不會這麼緊張和焦慮，我的緊張和焦慮就是預感，而我的預感總是很準確的。

患有匆忙症的人在感到強烈的焦慮時，覺得自己失控的可能性會增加，所以他們會更頻繁地採取措施和行動。

第六，絕對式思考。認為「危險」和「安全」是非此即彼的絕對定義。例：認為自己一旦被公司炒魷魚，就再也找不到工作。

經歷過上述災難化思想的產生六部曲，我們的思維過程就會被扭曲，注意力只會狹隘地集中到威脅和危險，同時心生恐懼，變得匆忙。羅斯瑪麗·索德在《今日心理學》雜誌上寫道：「一些自發性的想法和絕對化的思考，會誇大生活和工作中危險或威

脅的可能性和嚴重性，從而促使人們陷入長期的匆忙狀態。」

　　舉例說，每當本書首個案例中的女職員 Crystal 擔心個人工作表現，害怕老闆覺得自己能力不足時，都會自發地啟動這六部曲——高估危險、妄自斷定、視野狹隘、目光短淺、情緒化推論及絕對式思考，如是者，她就無法對自己作出客觀公正的評價，想不起過去曾取得的成功，也看不到根本沒有任何跡象能表明她工作差勁的事實，這時她的認知已經扭曲了。

　　因此，當危險僅僅是一種可能、一個想法，或者一件並不真實的事情，例如「可能無法按時完成工作」、「可能會出錯」、「可能被炒魷魚」、「可能遭別人恥笑」，我們應該及時剎車，努力避免激活災難化思想。一旦災難化思想的產生程序被啟動，進入自動駕駛模式後，我們就會無法自拔，很難意識到陷入狹隘思維，只會任由對現實的看法趨向扭曲。在扭曲的現實中，我們的忙再不是真忙，而是唐吉訶德似的瘋狂。

●　●　●

匆忙症患者渴求安全與確定性

　　Lou 是一家清潔公司的員工，他患有匆忙症，當和不熟悉的人一起工作時，常常會格外緊張和焦慮，因為他害怕自己做得不好被取笑。如果是和熟人一起工作，Lou 便不會那麼緊張及匆忙。匆忙症患者在陌生的環境中會變得更焦慮、匆忙。因此，他們總是討厭新的、無法預測的、不熟悉的生活和工作。他們喜歡跟熟悉的人與事待在一起，以便讓他們更能預料到未來變化且加以控制。對匆忙症患者來說，他們難以活在一個無法預期及控制的情境之中。

災 難 化 思 想 的 誕 生 過 程

災難思想的六部曲

- ·高估危險
- ·妄自斷定
- ·視野狹隘
- ·目光短淺
- ·情緒化推論
- ·絕對式思考

戰或逃反應模式

- ·急於採取行動
- ·急於解決問題
- ·急尋安全感
- ·一秒也不拖延
- ·與假想敵搏鬥

心理健康的指標之一，是心理是否具有彈性，可以擁抱變化，適應更多的不確定性。

心理彈性，不是指見風使舵、隨波逐流，而是開放和柔韌。與「彈性」相反的是「死板」、「僵化」、「固執」、「狹隘」、「執着」、「偏見」和「絕對」，災難化思想是典型的心理缺乏彈性。

災難化思想屬自發性、難以抑制，是身不由己的偏執，頑固地堅信危險快要降臨，壞事即將發生。當人們陷入災難化思想，心理失去了彈性，就再也無法容忍生活和工作中的不確定性。

心理學有一個概念，叫「偏執的不確定性」（intolerance of uncertainty），通俗的說法是「無法容忍不確定性事件的存在」，意思是人們往往會用負面態度對待無法預料、不可控制的情形和事件。很多匆忙症患者更喜歡做熟悉和常規的事情，力求「everything under control（一切都在控制之內）」，討厭出乎意料。問題是現實世界總是充滿變數和意外，我們是活在不確定之中，諸如該不該選擇這份工作、要不要跟那人結婚、現在該不該買樓等，很多事都存在巨大的不確定性和風險，下決定時也帶有一些賭博成分，雖然這情況會令人感到焦慮和煎熬，卻屬人生常態。我們必須接受一定的不確定性，方能接近事情真相。

> 匆忙症患者喜歡做熟悉和常規的事情，討厭出乎意料；問題是現實世界總是充滿變數和意外。

如今世界瞬息萬變，我們沒法確定目前如日中天的行業，來年會否變得蕭條；這個月還在運作的公司，下月會否倒閉；早上起床時精神爽利，下午在醫院體檢會否驗出嚴重隱疾。困擾着匆忙症患者的都是對未來的不確定，他們的心靈缺乏彈性，希望生活能夠給他們一個確實的答案，不過，現實是客觀、無情的，它不在乎你的擔心和焦慮，只會不斷滾滾前進。

　　追求確定性，目的是獲得安全感，故匆忙症的成因，實際上是出於對安全感的渴求，患者往往會說：「我很希望自己能冷靜、放鬆下來，對一切處之泰然。」換句話說，當我們陷入災難化思想，便會企圖通過無窮無盡的忙碌來尋找安全感；但忙碌與追求安全感兩者根本南轅北轍，被災難化思想主導後還想追尋安全感，這意味着你深信假想的危險和威脅是真實存在，當獲得安全感的願望越強烈，行為就只會越匆忙，最後陷入忙亂的泥沼。

　　匆忙症患者有如騎着一輛追逐安全感的腳踏車，他們拚命踩，不斷追求那些能令他們感到安心的東西（如一份穩定的工作、一個舒適的居所），問題是一旦他們停止踩腳踏，試圖拒絕忙碌，單車便不再動，生活和工作也立時停頓癱瘓。

4.6 經常失眠
匆忙症關鍵症狀之一

　　根據香港衞生署資料，失眠泛指「不能入睡、過早或間歇性睡醒而引致睡眠不足」。長期失眠會帶來創作力下降、反應遲鈍、記憶力減退等問題；另有資料統計指出，睡眠不足者在使用機械或駕駛汽車時出意外的機會，較睡眠充足的人士多一倍。可見失眠會帶來不少壞影響，而匆忙症患者則多數常常失眠。

　　患上匆忙症的人常覺得缺乏安全感，無法鎮定下來。雖然他們已竭力讓自己忙碌冀尋求安全感，但效果不大或十分短暫，恐懼感和焦慮感很快會捲土重來。結果匆忙症患者很難感到放鬆或冷靜，他們比一般人更緊張和焦灼，晚上也更難入睡。

　　正常成年人每天應有七至九小時的睡眠時間，但匆忙症患者往往少於六小時，達至慢波睡眠（Slow-wave sleep，又稱深度睡眠，即是確保身體獲得休息的熟睡）的時間就更少。由於緊張和焦慮，匆忙症患者很難放鬆下來，因此經常失眠，日間便無法集中精力，常常導致事故發生。

　　有人以為睡覺時大腦除了發夢，甚麼都不做，這是錯誤的觀念。英國牛津大學生理神經科學主任羅素·福斯特（Russell Foster）教授研究證實：睡眠是人類最重要的行為體驗，假設活到九十歲，那麼睡覺所佔的時間接近三十二年。在睡眠時，大腦其實還在非常努力地工作，具體表現於三方面：

修復：　　一些基因只有在大腦睡覺時才會工作。大腦好比一個彈簧，白天時處於繃緊狀態，睡覺時這才可鬆弛下來，重新修復整理。

保護：　　有人說是為了節省體力，這種觀點不太合理，因為在睡眠和清醒時，兩者體能消耗僅僅相差約一百一十個卡路里，即一杯牛奶所提供的能量。因此，睡覺真正保護的是心力精神。

大腦進程和記憶鞏固：擁有充足睡眠的人在認知和創造力方面的能力，是睡眠不足者的三倍多。

　　睡眠是最好的認知增強劑，良好睡眠不僅能提高工作效率，還有助於身體保健，而失眠則可損害認知能力。美國調研顧問機構麥肯錫（McKinsey）一項研究表明，睡眠不足除了減弱目標驅動型注意力，也會降低刺激驅動型注意力，因長時間工作而不睡覺的人，其認知能力將被大幅削弱，程度相當於飲醉酒。

　　該研究提出，人類在工作大約十七至十九小時後，其認知能力相當於血液中酒精濃度達 0.05%，這濃度達到許多國家法定的醉酒駕駛標準；工作大約二十小時後，濃度倍升至 0.1%，達到美國酒駕的法律定義。顯然，疲勞駕駛的危害絲毫不亞於酒駕。充足睡眠則能幫助大腦恢復認知能力，睡一夜好覺使我們精神爽利，全面提高認知力、分析力、判斷力和創造力。

　　與此同時，睡眠對學習過程的三個階段也大有裨益：學習前，對新資訊進行編碼；學習中，大腦為新舊知識連成新聯繫；學習後，記着新內容之前，也會從記憶中檢索訊息。

　　然而，若睡眠不足，大腦可能會曲解訊息或給予過度反應。

在人際交往的過程中，睡眠不足者也更容易走向兩個極端：太過不相信別人，或者過於輕信別人。福斯特教授解釋：「疲勞的大腦十分缺乏抵抗力，大腦那時已無法知道自己究竟受到了甚麼程度的傷害！」

> 睡眠不足者也更容易走向兩個極端：
> 太過不相信別人，或者過於輕信別人。

但是，相比二十年之前，現今普羅大眾的睡眠時間平均減少了兩成，目前社會已經變成了二十四小時全天候運作，幾乎沒有白天和黑夜之別，資訊整天持續不斷地湧出，人類入眠的時間越來越少，睡眠質量也越來越差。

美國前總統比爾·克林頓（Bill Clinton）曾揚言每晚睡五小時就足夠，豈料他後來因過度疲勞導致心臟病發，他說：「我生命中所犯的每一個重大錯誤，都是因為當時太累了。」戴卓爾夫人在擔任英國首相期間，堅持每晚只睡四小時，據聞她曾說過：「無能的人才睡覺（sleep is for wimps.）」，結果她晚年曾多次中風，亦有說法懷疑她患有阿茲海默症（即腦退化症）。

美國國家睡眠基金會（National Sleep Foundation）調查顯示，在十三歲至六十四歲的美國人當中，有六成人幾乎每晚都遇上睡眠問題。另外，請注意，不單只匆忙症與失眠有關，許多精神障礙如焦慮症、抑鬱症，早期症狀表現通常都包括失眠。

第五章

頑疾

匆忙神經元為何根深蒂固

5.1 爬行動物腦
自動默認周邊有危險

　　不知讀者們有沒有這樣的經歷：當你在彎彎曲曲的林間小路上行走，突然看見前方地上有一條毒蛇，危急之際，該怎麼辦？這時，你的大腦已經在高速運轉了。

　　人類的大腦除了在結構上分成左右腦兩部分，學術上還有另一個「三重腦（Triune brain）假說」，把大腦各區按認知功能分為三部分，分別是舊腦（又名爬行動物腦）、中腦（又名情緒腦）和新腦（又名理性腦）。

　　發現地上有毒蛇擋住去路，你的爬行動物腦會本能地進入「戰或逃反應」模式，並迅速地把恐懼訊息傳遞到理性腦。當理性腦經過檢視，認為你看見的不是毒蛇，而是一根繩子，就會把這個判斷傳達予情緒腦和爬行動物腦，解除警報。假如一個人的爬行動物腦缺乏本能反應的能力，就很可能因不察覺正身陷險地而喪命或受傷，因此，人類的演化過程中，為了追求生存，躲避危險和威脅，爬行動物腦最先獲強化，時刻繃緊精神辨察危險，以做好「戰或逃」的準備。

　　人類的神經系統已經演化了大約六百萬年，在這段時間長河裏，如果我們一直生活在無憂無慮之中，絲毫不注意隨時降臨在頭上的危險，沒意識到樹葉噼啪聲下潛藏殺身之禍，那麼人類就會淪為其他生物的腹中肉。唯有充滿警惕的生物方能生存下來，並把自己的基因傳承下去。而人類經歷過大自然重重篩選，生來就具有恐懼意識。

不過，爬行動物腦雖然能夠應對叢林中的危險，卻無法應對複雜社會生活中的危險，直到人類演化出中腦和新腦，才算是在黑暗中亮出理性的光芒。

三重腦的演化和機能

任何人都希望按照自己的節奏生活，享受生命的春夏秋冬、花開花落，沒有人願意受匆忙症折磨。但是，每當人們下定決心想要擺脫它時，就會發現匆忙症的病根是如此頑強深固，它早已在患者大腦中盤根錯節。爲何匆忙症會如此根深蒂固？我們先要了解人類大腦的演化歷程。

回顧人類大腦演化史，舊腦是最先出現的腦，它在我們後腦勺的部位，該位置的神經中樞主要負責人類的生理需求，依據本能採取行動和作出反應，包括呼吸、心跳、消化、睡眠、食慾和性慾等，即使處於深度睡眠之中，舊腦也不會停止運作，但它不涉及任何感情和理性思考。

隨着生命進化，人類又出現了中腦。中腦比舊腦大，功能也更複雜，其神經中樞主要負責人類的情緒，因此中腦又名情緒腦。神經外科醫生繪製出了中腦神經元的分佈位置，在實驗中，把一根電擊針植入受試者的腦中，然後輸出以毫安（mA，即一安培的千分之一）計的微弱電流，讓受試者產生相應的情緒反應，例如焦慮、憤怒、欣喜或者沮喪。

最後演化出來的是新腦，位於人的前額，主要由大腦皮層組成，人類跟其他動物的最大區別，正正在於新腦的大小，特別是

額葉（Frontal Lobe）的大小。額葉負責思考、判斷、自我認知和處理問題的能力，所以新腦又稱為理性腦。

簡言之，人類的演化主要就是腦額葉的成長。

人腦中的每一部分都有其特殊的職能，它們相互配合，保證生命運行。人類要妥善處理危險和威脅，必須調動這三個腦，讓它們處於活躍、互動和平衡的狀態，使本能、情緒和理性協調一致。具體上，三者運轉時，爬行動物腦在作出本能反應後，會迅速把危險的訊息傳遞給情緒腦，情緒腦立刻作出情緒反應，或憤怒，或恐懼，再迅速將帶着情緒的訊息傳遞予理性腦，最終由理性腦下決定，以便對眼前的危險採取更準確且有效的反應和行動。

> 人類要妥善處理危險和威脅，必須調動
> 這三個腦……使本能、情緒和理性協調一致。

當然，在情況危急之際，訊息還未傳達到理性腦，我們就會第一時間憑藉本能採取行動。例如你正坐在辦公室，突然聽見身後「砰」的一聲巨響，不容思考，你就會馬上從座位上彈起身轉頭看，待理性腦判斷清楚原來是書架上的書籍掉了下來，再進一步思考採取甚麼行動，而這時你的心在怦怦跳，讓血液迅速奔流往四肢，準備隨時作出「戰或逃反應」。

自動察覺危險威脅模式

遠古時，人類祖先最早在叢林中生存，常常會遇到兩種情況：

> 第一，認為附近的樹叢中有一隻老虎，但實際上並沒有；
> 第二，認為附近的樹叢中沒有老虎，但實際上卻有一隻，正在虎視眈眈。

為了能夠生存下來，人類祖先選擇「寧可信其有，不可信其無」，畢竟「信其有」僅是讓人承受恐懼和焦慮，而「信其無」的代價則是命喪虎口。不過，叢林中的老虎能一眼就辨認出，社會生活中的「老虎」，單靠爬行動物腦是無法分辨的，笑臉迎人者很可能背裏藏刀，彬彬有禮者很可能極其陰險，很多人和事，只有「細思」，才會「恐極」。

「細思」需要我們充分發揮理性腦的作用，認真深入地全面思考，努力弄清事情真相，準確判斷出哪些是真笑、哪些是假笑。如果未能充分發揮理性腦的功用，人就容易走向兩個極端：一、相信世上一切都是美好的，到處都是糖果；二、認為一切都不能信任，到處都是尖刺。前者天真幼稚，終將被現實生活無情碾壓；後者則早晚受困於恐懼和焦慮，常會陷入匆忙。

對於第二種人來說，他們的理性腦並未得到充分發揮，一直被爬行動物腦和情緒腦控制着，導致腦中沉澱了太多危險想法和負面情緒，一有風吹草動，他們就坐立不安，例如工作上沒按時完成任務，就深怕遭老闆嚴厲訓斥；聽到少許市場負面消息，就

擔心股價暴瀉；戀人數次沒接電話，就憂慮對方是否變了心；即使現實中沒有任何壞事發生，那些固有的恐懼也會植根於他們心坎，隨時準備「本能地」採取下列三種措施：

第一，大腦把焦慮和擔心自動設成開啟模式，有如猴子一直警惕地四處張望，搜索任何即將撲過來的敵人。

第二，不遺餘力地把自己與世界中潛在的危險因素隔離。

第三，在驚恐不安中變得匆忙。

開啟自動察覺危險威脅模式，雖然是很重要的自我保護策略之一，但它也像一副厚重盔甲，限制了我們的生活和工作；由於總是對這個世界充滿警惕，覺得到處都是危險，稍微鬆懈就會付出承受不起的代價，幸福感也蕩然無存了。

> 自動察覺危險威脅模式……
> 限制了我們的生活和工作。

當恐懼的濁水不斷流入掌管過去和未來的心靈河流，我們將永遠不敢向外界敞開心扉，也不能客觀全面地看到真實情況——老闆並不會嚴厲訓斥，戀人也不會鬧分手，目前情況可能並非完美，但絕對沒想像中那麼糟糕。

生活是複雜的，不是非黑即白，壞事中有好的成分，好事中也有壞的成分，沒有任何一件事情是絕對好或絕對壞的。這些都

是需要理性腦仔細深入全面思考，方能獲得的答案。

然而，自動察覺危險威脅模式不會去區分這些情況，不管是萬年前劍齒虎的張牙舞爪，還是今早老闆微微皺起的眉頭，只要遇到問題，統統都會拉響腦內警報。

特別值得留意的是，這些警報往往不能很快解除，因為自動模式不僅會把假想敵當成真實敵人，還會把情緒腦內的負面感受，諸如緊張、焦慮、無助和沮喪，一律當成敵人，並拚命與之戰鬥。如是者，我們自然會疲於應對，終至筋疲力竭、脆弱易怒，這就是匆忙症的生理性病源。

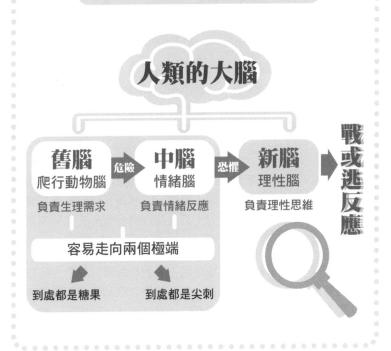

5.2 負責恐懼的神經元 異常活躍之時

　　英國倫敦大學的埃莉諾‧馬奎爾（Eleanor Maguire）教授在一項研究中，發現了一個秘密──「神經可塑性」。她研究的對象是倫敦一眾的士司機。當地有二萬五千多條街道，密密麻麻猶如迷宮，很多人都摸不清方向。面對這樣複雜的佈局，這些的士司機卻能夠輕鬆地找出捷徑，精準地將乘客送達目的地。

　　倫敦的士司機跟其他地方的司機有甚麼不同呢？馬奎爾教授團隊透過功能性磁振造影（functional Magnetic Resonance Imaging, fMRI）技術發現，倫敦的士司機大腦中海馬體後部的灰質較多，就鳥類、獸類及人類而言，海馬體後部的灰質是跟空間導航能力有關的腦區。

　　更有趣的是，馬奎爾教授發現駕的士的時間越長，其海馬體中的灰質就越多；而其他非的士司機，大腦海馬體後部的灰質明顯較少。研究還顯示，倫敦的士司機這些特長並非天生，而是通過後天學習和親身實踐獲得。

　　馬奎爾教授的研究有力地證明：學習和經歷可以令大腦的生理結構發生真實而深刻的變化，並不是像以前科學家所說的大腦一旦定型就無法改變。原來我們的大腦從未停止過變化，從出生的那一刻，到死亡的那一天，大腦始終在不斷地學習、改變。

　　匆忙症患者的自動察覺危險威脅模式，跟「神經可塑性」關係密切。多年來，人們普遍認為大腦一旦發育成熟便定型，不會

再有多大的變化，所以一個人的智商永遠不會改變。但是，上述研究表明，大腦具有一種重新組合的能力，它可以打破舊的神經網絡，建立新的網絡，人們將這種現象稱為「神經可塑性」。

> 大腦具有一種重新組合的能力，它可以打破舊的神經網絡，建立新的網絡。

人類大腦共有一萬億個細胞，其中包括一千億個神經元。神經元是大腦神經系統最基本的構成單元，大部分神經元每秒鐘會啟動約五至五十次，即使在睡覺時，大腦中也會有千億神經信號處於活躍狀態，所以大腦非常忙碌。雖然大腦只佔成年身體總重量約 2%，卻需要消耗血液中大約兩成半的葡萄糖，難怪大腦總是提醒你要按時吃東西。

大腦中平均每個神經元會連接其他五千個神經元，組成密密麻麻的神經網絡，而這些神經元如何連接、跟哪些神經元連接、組成了甚麼樣的網絡，就決定了一個人的情緒和行為傾向。有些人隨遇而安，有些人緊張兮兮，有些人心平氣和，有些人焦躁易怒，在很大程度上取決於神經元組成了怎麼樣的網絡。

那麼，神經元是如何進行連接的？「神經心理學之父」唐納德‧赫布（Donald Hebb）揭開了箇中奧秘：「一起活躍的神經元會聚集在一起。」（Cells that fire together, wire together.）

神經可塑性儼如雙刃劍

不過，「神經可塑性」是一柄雙刃劍，它有積極的一面，也有消極的一面。例如你對某件事情練習得越多，大腦某個區域的

神經元就會越活躍，而這些活躍的神經元聚集起來連在一起，逐漸就會形成一條「精神上的軌道」，這類軌道一旦建立起來，就會變得牢固，難以消除。情況如同草地上原本沒有路，你第一次從草地上走過時，到處都是青草，但當你每天都沿着同一條路走，日積月累，就會踏出一條不長草的道路。

當你重複做一件事情，意味着你反覆刺激着大腦中同一區域裏的神經元，這些相對活躍的神經元會與其他神經元連接，組成一條通道，以後遇到同樣或相似的問題，你毋須深入思考，就可以快速地按圖索驥，自動採取行動和反應，因為大腦已經開啟了相對應的固有操作模式。不過，這也無可避免地帶來了三個問題：

一、相關神經元連接起來形成固定通道後，會令人變得固執，不容易改變。例如許多經驗豐富的人，他們的大腦會變得僵化，行為會變得頑固，積習難改。

二、這些神經元的連接也意味着畫地為牢，而陷入其中的人被困在舊模式中，眼光也變得狹隘，很難處理生活和工作中出現的新情況、新問題和新變化，總會試圖用老辦法解決新問題。

三、相對活躍的神經元會變得越來越活躍，而那些相對不活躍的神經元則會在孤單中逐漸變弱。

以匆忙症為例，在患者的大腦中，跟匆忙相關的神經元糾結在一起，形成了根深蒂固的網絡，一旦遇到問題，它們就會自動開啟——

首先，大腦中與危險相關的神經元會變得十分活躍，一方面搜索着外部環境中可能帶來的危險和威脅，另一方面把過去的傷害記憶調取出來，緊盯着事情的消極面，忽略事情的積極面。在匆忙症患者的大腦中，負責恐懼的神經元異常活躍，而負責安全感的神經元卻非常弱小。與正面刺激相比，他們會對同等強度的

負面刺激反應更強烈，也更容易從傷痛中吸取經驗教訓，而不是從愉悅中獲得滿足，換言之，痛苦教訓往往比愉悅經歷更讓他們難忘。因此，在接收負面訊息和情緒時，匆忙症患者就像海綿，越吸越多；而碰到正面訊息和情緒時，則像竹籃打水，很快就會流走。緊接着，負責焦慮的神經元也會自動活躍起來，不停地擔心，並放大這種想法，認為不解決這些問題就寢食難安，似乎世界末日來臨一樣。與此同時，跟焦慮神經元相連接，包括負責抱怨、自責、憤怒、懷疑等的神經元，皆會一同活躍起來。

最後，在恐懼感、壓迫感和緊張感的驅使下，在那些活躍的神經元的自動操作下，人們不由自主地陷入匆忙症，並誘發一系列生理和心理問題：心臟病、消化不良、腰痛、頭痛、失眠症、注意力缺失症、內分泌失調等等。

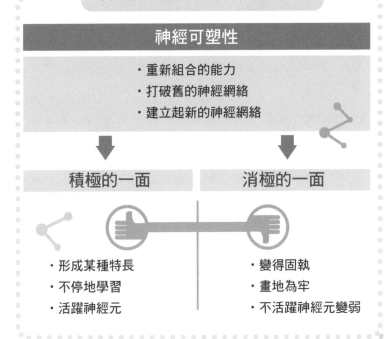

- 143 -

Case #12

變成路怒族的 MICHAEL

很多人都買私家車來代步，Michael 近日也趕潮流添置了一輛電動車，日常駕車上下班。誰料，沒車還好，開車越多就越憤怒，原本斯文和氣的 Michael 最終變成暴躁的駕駛者，俗稱為「路怒族（Road Rage）」。

Michael 第一天駕車上班，遇到交通擠塞，結果遲到被公司扣薪，他的心情開始有點煩躁。翌日開車返工，他的車被另一部車擦撞了一下，他連忙報警，良久後警員才到場處理；他還為此請了一天無薪假，處理愛車索賠事宜，心情漸漸變得憤怒。

第三天開車上班，Michael 幾經艱難在公司附近找到一個泊位，那時快要遲到了，他馬上開始倒車進位。沒想到，這時有一輛車強行插進那個車位。Michael 即時暴跳如雷，衝到插位車的司機座窗前，邊疾聲責罵邊打了對方一拳。被打的司機馬上報警，最終 Michael 被帶返警署，還要向插位司機道歉換取對方不提控，跟著回到公司面對積壓着的大堆工作，他的心情糟透了，鬱悶又憤怒。

自從買了車後，Michael 似乎變了另一個人，動不動就發火，憤怒時就控制不住想打人。有時候，他一邊開車一邊罵別人駕駛技術差，遇上前車開得慢，就亂按喇叭宣示不滿；自己不慎出了交通事故，就罵保險公司和相關人員處理不善……Michael 之所以淪為「路怒族」，是因為買車之後遇上的事，令負責憤怒的神經元越趨活躍，自己因憤怒造成嚴重後果，又不得不匆忙去處理，結果越憤怒越匆忙，越匆忙越憤怒。

　　大腦神經活動還遵循一條規律：相對活躍的神經元會變得強大，相對不活躍的神經元會逐漸沉寂。這意味着，憤怒的人越容易憤怒，匆忙的人越容易匆忙，分心的人越容易分心，因為在這些人大腦中負責憤怒、匆忙和分心的神經元一直處於活躍狀態，變得十分強大。

　　另一邊廂，當負責憤怒、匆忙和分心的神經元變得活躍強大，那些負責冷靜、淡定和從容的神經元則慢慢沉寂。這樣會驅使人們在生活和工作時眼光收窄、變得片面和目光短淺，只看見負面訊息，忽略正面訊息。換句話說，片面和目光短淺的生理原因是大腦中某部分神經元很活躍，另一部分則很沉寂，從而導致人們無法全面深入地看待問題。

> 憤怒、匆忙和分心的神經元變得活躍，
> 冷靜、淡定和從容的神經元則慢慢沉寂。

　　「神經可塑性」的研究表明：每時每刻，不管你感知到的是甚麼——聲音、感覺、想法，或者你內心最深處的渴望，其基礎都是神經活動。心理活動與神經活動之間存在非常密切的關係。當大腦神經元的連接發生變化時，你的想法也會隨之改變；相反，當你的想法改變後，大腦神經元的連接也會有變。

　　進一步分析，我們經常關注、思考、感受的事物，都會改變神經系統，重塑我們的大腦。正如西方有一個說法：「你想甚麼你就是甚麼，你是你思考的結果。你存在於你思考最多的地方，你不存在於你很少思考的地方。」

5.3 匆忙者墮入「愛比較」陷阱

「你為甚麼那麼匆忙？」有人曾經這樣問一位匆忙症患者。

「我是在尋找存在感，因為一個人靜處時，我感覺不到自己的存在，我必須在比較中去尋找。」

匆忙症患者都喜歡比較，他們喜歡與別人比較誰的工作做得好，誰賺得多，誰的屋大，誰的車漂亮，他們活在比較之中，極力尋求外在肯定，並藉此感受自己的存在。

人一旦陷入比較的陷阱，就很難自拔，這不僅會陷入與別人的矛盾，也會觸發跟自己的衝突。因為有了比較之心，我們不僅會跟別人比較，也會與昨天的自己比較，讓自己陷入昨天與今天、過去與當下的矛盾，若未能天天進步，內心便充斥遺憾和悔恨。這種尖銳情緒猶如一把利刃，把真實的自己割裂，只能永遠活在躁動不安和匆忙狀態。

每逢作出比較，我們就會失去內心的淡定和從容，開始追逐更多的東西，希望自己變得更加聰明、漂亮、有成就。當然，追逐欲望並沒有錯，錯的是你追逐的那些東西並不屬於你，也不是你真心想要的。你不斷去敲別人家的門，還怎麼能找到自己的歸宿？一味比較，你就只會模仿別人，把完整的自己一劈為二：一個是你本來的樣子，一個是理想中的樣子。而理想中的樣子只不過是你投射出來的虛幻標準，正是它肢解了完整的你，消耗了你的生命力！

莎士比亞話劇《皆大歡喜》(*As You Like It*) 中有句台詞說：「噢！從別人的眼中看到幸福，自己真有說不出的酸楚！」(O, how bitter a thing it is to look into happiness through another man's eyes!) 每個人身上都有各自耀眼的地方，但是匆忙症患者更擅長發掘別人的閃光點，他們常常羨慕朋友的美麗大方，感嘆同學的聰明伶俐，嫉妒同事的效率高。不停作出比較下，內心會失去支撐點倒下，生命就沒了方向。

> 每逢作出比較，我們就會失去內心的淡定和從容，開始追逐更多的東西。

對很多匆忙症患者來說，不管是說話抑或做事，都會不由自主地作出比較，這已經成為盤根錯節的習慣，因為他們大腦中這部分神經元早已變得無比活躍。

本質上，比較是把目光投放在外，令人喪失對自我的認識，以及內心的完整和統一。法國哲學家柏格森說：「沒有自我的世界是死寂的世界，沒有世界的自我則是空洞的自我。」匆忙症患者在忙忙碌碌中，做甚麼事情都淺嘗輒止，無法生根，所以他們的世界裏沒有自我，是死寂的世界。同樣道理，匆忙症患者雖然從早忙到晚，但由於僅僅是出於自我保護的需求，以及尋求安全感和攀比的心理，完全沒有深入內心，付出真誠、激情和愛，他們並不能從外在世界獲得多少存在感，總感到失落。這正源於他們的自我是沒有世界的自我，是空洞的自我。

童年時代奠基原始信任

　　患有匆忙症的人，大多數都是缺乏安全感的人，他們之所以匆忙，實際上是在尋找安全感。也許從童年起，他們大腦中負責危險和威脅的神經元就開始受到刺激，隨後一次次重複刺激，逐漸變得活躍強大，以至於形成一種根深蒂固的「消極偏好」——即使在安全的環境中，也會小題大做，神經過敏，察覺出很多看似不安全的因素，讓自己更憂心忡忡。

　　心理學家普遍認為，真正的安全感來自童年。如果童年時，父母能夠給予我們無條件的愛，接納我們，這種被認可的感受將刺激大腦中的相關神經元，若能不斷重複刺激，這部分神經元慢慢就會變得活躍，為我們奠下積極生活的基礎，並伴隨我們的一生。這是一種生活和生存上的安全感，有這種安全感，我們才能變得自信，並敢於信任他人、信任世界，人們把這種信任稱為原始信任（Primitive Trust）。

　　然而，匆忙症患者的童年往往過得並不美好，他們在家中得不到信任，安全感欠奉，內心一直無家可歸。他們希望通過外在忙碌來獲得內心安穩，但是任何對心外之物的追逐，都無法確保我們免除痛苦和折磨。

> **原始信任是我們心靈的避風港，**
> **支持和保護我們。**

　　在這個「有危也有機」的世界，追求安全感無可厚非，但是我們不能只滿足於成為一個「幸存者」，而不去追求生命之花的盛放。能夠幸存下來，當然令人驕傲，但如果我們就此止步，便

會作繭自縛，無法發揮我們全部的能量，無法成為完整的自己。

　　匆忙症患者通過不斷作出比較，努力活成了別人的樣子，漸漸迷失了自我；再加上他們缺乏安全感，人生匆匆忙忙，無時無刻不在尋找避風港，一生疲於奔命，為生存而戰、為安全而戰，根本無法做自己想做的事情，最終也無法活出真正的自己。丹麥思想家齊克果（Søren A. Kierkegaard）在晚年著作《致死之病》中寫道：「無法成為自己，是一切絕望的根源。（to be in despair at not willing to be oneself, or in despair at willing to be oneself.）」成為自己，是我們的歸宿，但對於匆忙症患者來說，他們的精神一直無家可歸、浪跡天涯。

第六章

治本

清除認知黏連　踢走匆忙症

6.1 透視匆忙症 存在認知黏連現象

　　Nicholas 是一家證券公司的投資分析師，一天早上，他急急忙忙趕往辦公大樓時，由於上班人流太多，擠不進電梯，他腦海隨即閃出一個念頭：「早前因為遲到，被上司大罵了一頓。」冒出這個想法後，他開始恐慌，一邊緊盯電梯樓層指示燈，一邊不斷抱怨電梯太慢，越來越焦躁。

　　當電梯終於下來時，他一個箭步衝上去，由於動作幅度太大，撞到旁邊一位女士，惹來別人側目，他之後不得不向那位女士連連道歉。回到辦公室才發現離上班時間還有十分鐘，自己根本沒必要那麼焦急。

　　刺激 Nicholas 變得匆忙的導火線是擠不進電梯，但他的反應為何會如此過激呢？因為他腦中想起「早前遲到，被上司大罵」。人類大腦不僅會對外界的刺激和當下發生的事情作出反應，還會對內在想法、過去及未來的事情有反應。這項腦功能有助我們吸取教訓，溫故知新，但副作用也十分明顯：想法是主觀的，不一定符合事實，可是這些主觀想法偏偏會刺激人們的情緒。

　　任何情緒都需要想法支持，如果背後缺乏想法，情緒便轉瞬即逝，例如：在狼吞虎嚥快速吃飯前，你心裏可能早已產生了「我還有大堆工作未完成」的想法；在對人發火之前，或許你已有「這傢伙對我毫不尊重」的想法；在變得焦慮前，你可能已經產生過「無論是收入還是社會地位，我已經遠遠落後於人」的想法。這些

想法雖然只是在腦海一閃而過，但就像一隻無形的手按下了大樓的火警鐘，使你的情緒陡然升級，並果斷地採取自我保護的行動。

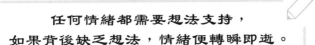

> **任何情緒都需要想法支持，**
> **如果背後缺乏想法，情緒便轉瞬即逝。**

當 Nicholas 想到遲到捱罵的經歷，頃刻間，內心警鐘猛響，大腦的相關神經元活躍起來到處聯結，最終促使其行為變得誇張莽撞。如果當時 Nicholas 能冷靜下來，看看手錶，想想今次與上次情況有別，就肯定不會那麼匆忙了。原來上次是因為上司前一天提醒過，第二天有一個重要會議，而當日 Nicholas 卻偏偏遲到了一個小時，上司當然大發雷霆；而這次等電梯花不了多少時間，Nicholas 卻把情況看成跟上次一樣。在認知心理學上，這個現象被稱為「認知融合（Cognitive fusion）」，意思是把主觀想法當作事實。

不過，「融合」這個字眼有融會貫通的含意，或許容易惹來誤解，故筆者認為用「黏連＊（Adhesion）」會更貼切一些。所謂「認知黏連」，就是胡亂地把昨天的事情裝在今天的籃子裏，將當下的事情裝在未來的籃子裏，混淆不清。

很多人都像 Nicholas 般匆忙。前面章節探討過，匆忙的快，是不經腦袋思考的快。從生理心理學的角度看，由於大腦中的這部分神經元已經形成了牢固的通道，只要遇到刺激，這些盤根錯節的神經元就會躁動起來，展開大規模連結，隨之使我們的想法、情緒和行為進入自動駕駛模式，本人則完全失控，六神無主，喪失了自由意志，只能看着事情弄得一團糟。

匆忙症患者通常會出現認知黏連現象，從認知心理學的角度分析，是大腦中負責想法、情緒和行為的神經元黏連在一起。

＊ 黏連，醫學用語，指身體組織遭遇創傷後，在癒合過程中，傷口與身體其他組織出現不正常的纖維連結。

很多患者並沒意識到匆忙會反過來為他們帶來麻煩，大多數情況下，他們無法控制自己，總是不由自主地陷入焦慮，變得煩躁，不加思索地匆匆動手，終致筋疲力竭，追悔莫及。

想法、情緒、行為　勿混為一談

人們之所以會出現認知黏連，源於人們把主觀想法跟客觀事實混淆，然後無意識地自動把思想與情緒、行為進行聯結。舉例說，如果有人問你現在情緒怎麼樣，你回答：「我覺得根本沒有人理解自己。」你談的實際上並不是情緒，而是一種思想。

人們常常會對行為和情緒不加分辨。如果請你用語言來描述憤怒這種情緒，你想到的也許是向別人吼叫、把東西摔破，但這並非憤怒的情緒，而是憤怒所導致的行為。人們之所以容易把情緒、想法和行為混為一談，是因為三者彼此之間的聯繫實在太緊密了。

如右頁插圖所示，想法會影響情緒和行為。若你認為某個人做事不妥當，就會對他產生厭惡情緒，並採取躲避行為。反過來，情緒也會影響想法和行為，例如當你心情很好時，可能會產生這樣的想法——「今天好開心，活着真美好！」落實到行為上，你可能微笑着與公司裏每個人打招呼。

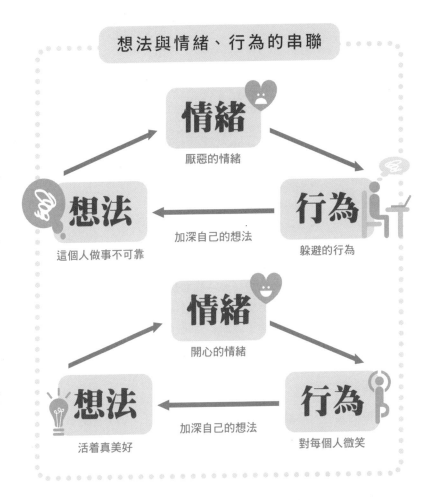

想法—情緒—行為，這三者密切相連，但並不意味着它們可黏連在一起。如果不加以區分，讓它們糾結成一塊，相互推波助瀾，一浪高於一浪，只會逐步遠離事情的真相，即使遇到一件小事，也會如臨大敵，最後被強烈的情緒汪洋淹沒。

請看下面的句子，區分哪些是想法，哪些是情緒和行為：

- 我上班可能要遲到了。
- 我對前途感到焦慮。
- 我對新來的上司反感。
- 我擔心自己找不到理想的工作。
- 我氣憤地把書摔在地上。
- 我和妻子發生爭吵。
- 我在聽音樂。
- 上司責罵了我，我很生氣。
- 我害怕飛機墜落。
- 我每天都很忙碌。

　　我們可以把人的內心想像成一個寧靜的湖，一陣風吹來，湖面揚起漣漪，這漣漪就相當於人的情緒。情緒是對外界刺激作出的內部反應，是心靈泛起了漣漪。但是，人心畢竟不是湖。對湖水來說，漣漪只是一種物理反應，多大的風便激起多大的浪；至於人心則複雜得多，大事情或許撞不起一絲浪花，小事情卻有機會惹起軒然大波。

　　每個人的內心都是一個與眾不同的「湖」，對外界的刺激也有不同的反應。人心的複雜在於想法。人是想法最多的生物，不僅對外界的刺激做出情緒反應，更會對內在的想法作出情緒反應，導致情緒變幻莫測。

　　筆者的一位朋友曾經十分害怕坐飛機，每當乘搭的航機遇上氣流顛簸時，他就恐懼至極，拚命抓着座椅扶手，全身僵硬、臉色發白，內心如翻江倒海；而他身邊的人則若無其事，空姐笑容依然燦爛。為何這位朋友的反應會如此強烈？源於他心中的一個想法——害怕「萬一」墜機，自己會死於非命。

　　飛機遇上氣流顛簸是一種正常物理現象，沒有任何證據表明飛機將要出事。如果單純看現實情況，最多感到一些搖晃或失重

感,並產生輕微煩躁,不至於像筆者的朋友般,以為死神將要降臨。他腦內究竟發生了甚麼事呢?是黏連,外界刺激與內心想法的黏連。飛機顛簸屬於外界刺激,當這種刺激與內心想法黏連在一起,顛簸再也不只是一種物理反應,而是他的「災難化思想」佐證:「看吧,我本來就很怕坐飛機,現在顛簸得那麼厲害,萬一墜機,怎辦?」

黏連模式一旦開啟,想法就不會快速消退,而是像雪球般越滾越大,朋友會繼續想:「如果我死了,老婆和孩子怎辦?他們孤苦伶仃,怎麼活下去?」連串想法如火上加油,激蕩着情緒一浪高於一浪,最後導致他作出這樣的行為:驚恐地關注着周圍細微變化,不放過任何危險的線索——空姐皺眉、指示燈閃爍、任何聲響震動⋯⋯全都會令他覺得飛機有可能出事。直到飛機越過氣流,恢復穩定飛行後,他才可稍微安心。

從這位朋友的故事可以看出,想法是情緒的驅動力,如果沒有「災難化」的想法,他對飛機顛簸的情緒反應就不會那麼強烈。

匆忙是由衍生情緒推動

人的情緒大致可以分為兩種:一、原生情緒(Primary Emotions),二、衍生情緒(Secondary Emotions)。

原生情緒是對外在刺激的第一時間反應,是情緒發揮出的最原始功能,其中沒有想法的參與。就像看見一條蛇,你會產生恐懼的情緒;遇到漂亮的異性,你會賞心悅目。原生情緒是情緒的生物組成部分,能夠反映正在經歷的事情。譬如——

　　恐懼，反映我們正在經歷危險。
　　傷心，反映我們失去某種東西，譬如丟了工作或
　　失去心愛寵物。
　　幸福，反映我們獲得某種東西，心滿意足。

　　原生情緒與內心的想法黏連之後，激盪出的情緒就是衍生
情緒。衍生情緒有以下幾個特徵——

　　一）它不是單一的，是許多情緒的黏連。諸如為遭受的羞辱
而憤怒，為受到的委屈而傷心，為自己的害怕而羞愧。害怕坐飛
機的朋友，其情緒十分複雜，有焦慮、恐懼，還有無助和沮喪，
五味紛陳，愈演愈烈。

　　二）它不是根據現實的經歷作出的反應，而是根據對現實經
歷的想法作出的反應。飛機顛簸時，朋友對現實的想法是「萬一
墜機怎辦」。朋友強烈的情緒不是對飛機顛簸的反應，而是對「飛
機可能失事這個想法」作出反應。

　　三）遇到相同刺激，人們會產生相同的原生情緒，但基於各
自的生活經歷、個性特徵和思維慣性，衍生情緒各不相同。

　　四）衍生情緒是針對主觀想法作出的反應，它與現實是脫節、
不真實、虛幻的。這意味着一個人的衍生情緒越強烈，他距離真相
越遠。譬如夫妻間激烈爭吵，事後很可能想不起為甚麼而吵。

　　五）原生情緒是適應性情緒，即是為適應外界而採取的正常
反應。雖然這些情緒或令人快樂，或令人痛苦，但皆是不可或缺
的，它能夠真實反映你正在經歷的事情。而衍生情緒則是反應性
情緒，它不僅會掩蓋原生情緒，還會掩蓋真相，令事情越來越複
雜，越描越黑，遠離事實。

　　有個經典的比喻，說人們會遭受兩支箭的攻擊，一支是生活中的苦難，一支是你對苦難的反應。第一支箭是原生情緒，不可避免；第二支箭則是衍生情緒，傷人不淺，卻可以避免。有了衍生情緒的人，如同驚弓之鳥，之前曾經被箭射中，痛得要死，以後一聽到弓弦的聲音，雖然沒有中箭，卻嚇得從天上掉下來。匆忙症是由衍生情緒推動，而那些衍生情緒之所以會產生，就是因為認知上出現黏連！

6.2 看穿焦慮 其實只是一堆情緒

美國華盛頓大學心理學教授、辯證行為療法（Dialectical Behavior Therapy, DBT）創始人瑪莎·萊恩漢（Marsha Linehan）博士說：「觀察情緒，就要學會從情緒中分離出來；控制情緒就得與之分離，方能應對自如。」

匆忙的人，忙忙碌碌、分心走神、筋疲力盡，這些都是其外在的表現，內心卻是諸多想法和情緒的黏連。擺脫匆忙症，就要把這些黏連着的東西分離，弄清楚哪些是想法，哪些是行為，哪些是原生情緒，哪些是衍生情緒。

匆忙是一種行為，導致這種行為的情緒是焦慮。在匆忙症中，焦慮不是一種情緒，而是一堆情緒，黏連着緊張、擔心、不安、恐懼及一些災難化思想。在這一堆情緒內，最初的情緒或許只是一點緊張，幾番黏連後越變越大，直至忐忑不安、憂心如焚，催生出匆忙的行為。

> 在「黏連」的過程中，
> 「災難性」的想法就是膠水。

在「黏連」的過程中，「災難性」的想法就是膠水，每一種衍生情緒都經它黏上去。譬如感到有一點點緊張時，單純去看，

可能僅僅需要你稍微突破一下自己的心理舒適區，但如果你產生這樣的想法──「萬一」我搞砸了怎麼辦？這個「想法」轉瞬間就會把未來黏連過來，讓你設想搞砸後的情形，或被人批評嘲笑，或遭自我責難。跟着，過去也會迅速地黏連上來，讓你回憶起曾搞砸過的事情，連環黏連下去，開始時的一點點緊張便膨脹到不受控制。

三步清除認知黏連

準確地區別糾纏着的一大堆想法和情緒，清除認知上的黏連，具體可分為三個步驟。

第一步：捕捉「災難性」的想法

被「災難性」想法所困擾，部分原因在於這些想法是自動地、不由自主地產生的，還來不及意識到就已被它所控制。當捕捉到自發的災難化思想，可嘗試放慢反應速度，騰出時間評估和糾正這些想法，有意識、有目的地儘早識別出自己對危險和威脅的誇大想法。不妨回憶自己變得匆忙之前，產生了哪些想法，還要問自己：「我如此匆忙的因素究竟是甚麼？我真的受到來自外面的威脅，十萬火急，必須忙碌起來嗎？」例如，你不斷越線超車，是真的有緊要事辦，抑或源於內心的焦慮不安？若是後者，那麼你應該停止猛踏油門，把注意力重新投放到焦慮之上，仔細回想是甚麼想法讓你感到心急如焚？

誠然，任何技能都不可能一蹴而就，想要學會捕捉自發性焦慮想法，需要不斷練習。有些人可能覺得很容易，但對另一些人而言可能相當困難。不管你的起步如何，只有不斷提醒自己練習，才能提高自我監控能力。

第二步：為焦慮想法收集證據

不知讀者們有否看過《滅罪鑑證科》(CSI) 這部美國電視劇？在片中最常聽到的一句話：「證據是怎麼說的？」或「讓證據說話」。如果你能夠對災難化思想採取同樣的處理手法，事事都要求用證據來確認或否定想像中的危險，結果會怎麼樣？假設你正在擔心自己因完成不了工作會被辭退，請思考一下這種憂慮有何依據呢？又有甚麼證據能表明老闆會炒你魷魚呢？

以偵探的眼光審視內心想法，收集證據能夠糾正你對威脅和危險的誇張估計，從而清除認知黏連。譬如每當冒起落後於他人的想法時，上一節案例中的投資分析師 Nicholas 都會變得心神不寧，行為上也陷入匆忙，這種想法令他太焦慮了，以至於他開始相信自身能力不足。其實，每當 Nicholas 腦海又冒出這類想法時，他可以分別收集支持和反對該想法的證據，來推翻被誇大的災難化思想。

第三步：擁抱不確定性

拿出勇氣，曝光自己，接納並擁抱生活和工作中的不確定性。「曝光」(exposure) 的意思是：有計劃地、反覆地、長期地接觸那些會引起焦慮的外部物體、情境、刺激，又或者內部產生的想法和記憶。

換句話說，曝光自己就是請你鼓起勇氣走進內心，與真正的自己建立深刻聯繫，拒絕執着於外界的匆忙。曝光自己，直面內心，這需要決心、勇氣和承諾。反覆有規律地長期曝光焦慮的觸發因素，將會令匆忙症持續減輕。

「曝光」亦可被視為一種「脫敏」(desensitization) 方式；心理上的脫敏，是增強敏感神經的耐受力，減弱面對刺激時的反應強度，儘量阻止衍生情緒的產生。一個「曝光」計劃，可以分為幾個步驟：第一，接納不確定性；第二，帶着不確定性行動；第三，減少對安全感的依賴。

清除認知黏連三個具體步驟

1. 捕捉「災難性」的想法

監察自發的災難化思想

▼

放慢反應速度，評估和糾正該想法

▼

認清自己是否真的需要匆忙

e.g 不斷越線超車，是真的有急事，抑或源於焦慮？若是後者，便應停止猛踏油門，仔細回想是甚麼想法讓你感到心急如焚。

2. 為焦慮想法收集證據

以偵探的眼光審視內心焦慮

▼

收集證據來確認或推翻想像中的危險

▼

阻止災難化思想被誇大

e.g 擔心完成不了工作會被炒魷，請思考這事有何依據，有甚麼證據能表明老闆會辭退你？

3. 擁抱不確定性

拿出勇氣，曝光自己

▼

有計劃、反覆並長期地接觸那些會觸發焦慮的因素

▼

勇敢地直面內心，拒絕執着於外界的匆忙

▼

接納人生中的不確定性

▼

帶着不確定性行動

▼

減少對安全感的依賴

Case #13

Tammy 的「曝光」計劃

　　Tammy 是一位自由插畫師，也是匆忙症患者，但她不知道自己為甚麼這麼匆忙。反正她早上睡醒一睜開眼就苦惱：這個月要還房貸、車貸、信用卡款項、水電煤氣費、孩子上幼稚園的雜費……，所以自己需要加倍努力才行。於是，她穿着睡衣撲到電腦前，經由各大社交平台和即時通訊工具跟不同客戶連繫。當客戶給她發來大大小小的插畫設計工作，她就拚命去完成，一邊畫線稿一邊上色，左右開弓，幾乎連上洗手間、吃飯及睡覺時間都榨乾。

　　學習了根治匆忙症的課程後，Tammy 開始執行「曝光」計劃，鼓起勇氣走進內心，探究自己匆忙的原因，不再執着於表面的匆忙。最後她得出真相——由於家庭經濟壓力太大，令她變得匆忙起來。為求對症下藥，她落實了三個步驟：

　　第一步，擁抱不確定性。接受身為自由插畫師收入不穩定、不確定的現實；

　　第二步，帶着不確定性行動。由於收入不穩定，所以賣掉車子，轉坐公共交通工具，同時盡力節省其他生活開支；

　　第三步，減少對安全感的依賴。除了正常接插畫設計工作，她還跟其他培訓機構合作開學習班，冀增加收入渠道，減少對插畫工作的依賴。

　　以往 Tammy 接不到插畫工作就沒錢、沒安全感，現在她即使少接了插畫工作，還有培訓費可支撐日常支出。通過實施以上三個步驟後，她的工作和生活漸漸變得安定，不再像之前那麼匆忙，還可騰出更多時間鑽研插畫藝術。

　　結果，Tammy 的作畫水平越來越高，更於插畫設計賽事中獲獎，打響了名堂，不用再主動上網拚命找插畫工作，而且客戶給的酬勞更高、繪畫時間更長。

　　上述案例中，Tammy 判斷自己變得匆忙，主要是為了改變經濟狀況，尋找安全感。對安全感的過度追求，讓她惶惶不可終日，變得更匆忙、精疲力竭。結果，她通過「曝光」計劃的三個步驟，清除對安全感的過度渴求，也擺脫了匆忙症。

6.3 達至「嬰兒」境界
消解匆忙症

　　匆忙症患者其實是使用了一套從人類遠祖繼承下來、過時且僵化的生命操作系統，其本源則是「戰或逃反應」。當患者感到焦慮時，變得心急如焚，不自控地加快步伐，片刻不敢耽擱，直到獲得安全感為止。這個系統的運作原理是，既然「戰或逃反應」可以讓人類成功戰勝危險，那麼，人類也可通過匆忙的行動來獲取安全感。

僵化心靈 剝奪自由意志

　　基於上述原理，一個害怕丟失飯碗的人會拚命工作，一個害怕被別人看不起的人會拚命對外示好，一個害怕孤獨的人會拚命追逐熱鬧，一個害怕看見真相的人會拚命追逐虛榮，而一個內心焦慮的人則會拚命渴求忙碌──然而，焦慮其實是無底深潭，永不可能被填滿，那麼，可想而知，生活只會變得只剩下匆忙！

　　事實上，「戰或逃反應」這個生命操作系統已經十分老舊，不可能讓你獲得真正的安全感，也無法消除你心中的焦慮，反而會加深焦慮，使你的匆忙症變得越來越嚴重。在這套老舊操

作系統下，一切反應都是自動發生的，那些災難化思想也會迅速黏連，很難察覺，不給人留下思考時間和空間。著名心理學家維克多·弗蘭克（Viktor Emil Frankl）是納粹大屠殺的一名倖存者，他曾經說過一段意義深遠的話：「在刺激與反應之間，有一片空間。在那片空間裏，我們有能力選擇自己的反應。在選擇性反應中，我們獲得了成長與自由。」（Between stimulus and response there is a space. In that space is our power to choose our response. In our response lies our growth and our freedom.）

> 「戰或逃反應」這個生命操作系統
> 十分老舊，不可能讓你獲得真正的安全感。

但是，對於使用陳舊生命操作系統的人來說，在刺激與反應之間不存在任何選擇空間，一切皆是僵化的自動反應。例如遇到交通擠塞，他們會自動陷入負面想法：「激氣，又塞車，我有急事要辦啊！」這個想法會使其情緒突然變得焦躁不安，跟着不自禁地作出這樣的行為：不停按喇叭。從遇到塞車到按喇叭之間幾乎是一觸即發，自動進行，毫無思考的空間和餘地，就像膝躍反射（patellar reflex）——當膝關節半屈和小腿自由下垂時，輕敲一下膝蓋骨下方，引起股四頭肌收縮，小腿就會即時作出前踢的反應。勿忙症亦然，只要觸碰到那根敏感的神經，黏連在一起的東西就會急速作出反應，中間沒有思考時間，也不為自由意志提供選擇的機會。

這套生命操作系統的最大問題是，壓縮了維克多·弗蘭克所說的「有一片空間」。沒有這片空間，思考就失去自由，精神也沒了成長的地方。實際上，不管是焦慮症不由自主地緊張和擔心，還是抑鬱症抑制不住地心灰意冷，都是因為喪失了這片空間，內心進入自動反應模式，不能自主地駕馭了情感和行為。心理治療目的就是重新找到或重建那一片空間，讓生命操作系統升級。

千萬別把繩子誤當成牛

在老舊的生命操作系統中，你的想法是儲存在腦細胞中的記憶的一種反應，並非針對新出現事物的認知，這時你的想法是對現實的扭曲，你會用昨天的故事詮釋今天的內容，即使面向未來的想法也會投射出昨天的影子。而你根據過法的知識和經驗看待當刻的事情，必然受制於昨天的你，也看不見今天的真相。

一位匆忙症患者對心理治療師坦言：「我冷靜觀察自己時，我發現腦袋非常忙碌，以前從來沒有注意過，但這種忙碌只有兩種模式——重複過去或者活在未來，幾乎不在當下停留。」這正是匆忙症患者做事效率不高、容易疲勞的原因，他們總是在大腦中重複過去的事或者預演未來的事，卻對當下新鮮的生活缺乏感知。

由於認知黏連，匆忙症患者的心靈已經僵化，生活已經變成了為概念而活——譬如為了「做一個名成利就的精英」此概念，他們日夜奔忙，不能享受豐富多彩的生活，雖然忙透了，卻覺得忙得毫無意義，內心因而被沉重的空虛感淹沒。

> 由於認知黏連，匆忙症患者的心靈已經僵化，生活已經變成了為概念而活。

我們活在世上，每天接收大量資訊，往往會受到外界千萬種看法和自身經歷左右，這些東西在心中積累，它們逐漸形成一個個概念。這些概念有如牽牛的繩子，當下的生活才是那頭會吃草、能耕作的牛；如果一味抓住概念的繩子，看不清繩牽着牛的

現實，就會誤認為牛就是繩，繩就是牛，即使牛掙脫繩子跑掉也毫不察覺。大腦能夠幫助我們解決問題，但同時也會製造問題，作出錯誤判斷，炮製出一系列心理陷阱，反過來蒙蔽、誤導我們。

清除認知黏連，關掉自動化反應後，在接收刺激與作出反應之間便有了一片空間，讓我們可不受束縛地活在當下，自在地感知當下發生的事，既不讓過去的經歷和記憶影響今天的判斷，也不會對未來憂心忡忡。有許多偉大的哲學家、心理學家或詩人，都曾分別從自身角度，描繪這種美好的精神狀態。

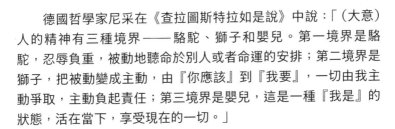

三種精神境界：駱駝、獅子、嬰兒

德國哲學家尼采在《查拉圖斯特拉如是說》中說：「（大意）人的精神有三種境界 —— 駱駝、獅子和嬰兒。第一境界是駱駝，忍辱負重，被動地聽命於別人或者命運的安排；第二境界是獅子，把被動變成主動，由『你應該』到『我要』，一切由我主動爭取，主動負起責任；第三境界是嬰兒，這是一種『我是』的狀態，活在當下，享受現在的一切。」

尼采說的嬰兒境界，其實就是認知黏連和自動化反應都徹底清除後的狀態，他在《查拉圖斯特拉如是說》中繼續解釋：「許多偉大的思想，就其表面來看，似乎與風箱沒有甚麼分別，當其鼓脹作響時，內裏卻空空如也。」（There are so many great thoughts that do nothing more than the bellows: they inflate, and make emptier than ever.）這裏說的「風箱」「空空如也」，就是指清除認知黏連被後，沒有自動化反應，沒有套路，沒有成見，內心的那種清澈和澄明。他還進一步補充：「（大

意）智慧基本上就是天真。知識是自我，而智慧就是自我的消失。知識使你充滿訊息。智慧使你成為絕對的空虛，但那個空虛是一種新的填充。那是一種空間性。」

「嬰兒」、「天真」與「空虛」都是同一個意思，同一種狀態，同一種境界，而所謂的「空間性」難道不正是維克多・弗蘭克所謂「有一片空間」嗎？至於「嬰兒」、「天真」和「空虛」這些詞語，不正是蘋果教主喬布斯口中「初心」的另一種表達形式嗎？世上其中一種最困難的事，就是單純、毫不扭曲地去看待一件事情。

可是，受制於認知黏連，我們的心智總是太複雜，早就失去了單純此一特質。我們擁有的經歷和知識在心中固化，使頭腦變得僵化和陳腐，陳腐的思想只會永遠停留在過去，無法看清現在。唯有變得「空虛」和「天真」，像新生「嬰兒」般，不沉溺於過去的記憶、經歷和知識，我們才能活在當下，看見事情的真相。

> 世上其中一種最困難的事，就是單純、
> 毫不扭曲地去看待一件事情。

克里希那穆提在《重新認識你自己》一書中寫道：「（大意）你必須每天都能死於一切已知的創傷、榮辱，還有自製的意象和所有的經驗，你才能從已知之中解脫出來。每天都大死一番，腦細胞才會變得清新、年輕而單純。」

三種精神境界:駱駝、獅子、嬰兒

嬰兒
活在當下
↓
內心清澈澄明
無套路與成見
無自動化反應
清除認知粘連

獅子
主動爭取

駱駝
聽命於別人

6.4 學習自我覺察 解除心魔

患上匆忙症的人就像被施了魔咒，行色匆匆，從早到晚身不由己地忙碌着，他們對事情的反應既機械化又誇張，心靈僵硬、缺乏彈性，與患匆忙症前的自己判若兩人。那麼，如何才能破解匆忙症的魔咒？

倒奏魔曲讓神志回復清醒

傳說在幾個世紀之前，有某個人不幸對一支歌曲着了魔，變得終日語無倫次，苦不堪言。驅魔人見狀就教他，想擺脫這首歌曲的魔咒，必須把樂曲調轉演奏一遍，着魔的人照着做，終於成功破解魔咒，讓神志回復清醒。

這個傳說蘊藏了心理學上的道理。首先，不管是匆忙症、拖延症抑或焦慮症，患者很大程度上就像着了魔，身不由己，飽受摧殘。其次，要擺脫心理折磨，我們必須沿着走來的那條路倒着走回去，回到原點。

在精神分析心理學上，心理諮詢不是向前看，而是回頭看，助患者返回之前的生活逆境、童年時的困境、原生家庭，以及記

憶深處的傷害，才有可能清除心魔。而在認知心理學中，倒着走回去，就是發掘心底不易察覺的想法，矯正潛伏的錯誤認知。隨着認知心理學的第二和第三波浪潮，人們倒着往回走的腳步越來越深入，這個過程中，精神分析心理學使用的方法是回憶和分析，認知心理學則採用「自我覺察（self-awareness）」，兩者殊途同歸。

> 心理諮詢不是向前看，而是回頭看，
> 助患者返回從前，才有可能清除心魔。

　　情況就像解決河道污染，要正本清源根治問題，我們需要做的不單單是從河水中清除污染物，而是要走到河道的上游，找出污染源頭並加以處理。

Case #14

調酒師 SEAN 重獲新生

　　Sean 是一家酒吧的調酒師，他從事這項工作已經很多年，但調酒技術一直平平。老顧客形容，他調出來的酒不好也不壞，總感覺缺少了一些味道。後來，Sean 偶然讀到了一本講述自我覺察的書，才恍然大悟。

　　原來 Sean 調酒的時候，總是心猿意馬，不在狀態，忍不住盯着酒吧內的漂亮女生，儘管他很努力想改掉這陋習，但注意力始終不能聚焦當下，不是想着出糧後怎消遣，就是思考該用甚麼辦法約那些美女。他決志改變，把自我覺察的法門運用到調酒工作中，日常枯燥的工作突然變得生動起來，看着琳琅滿目的酒品，他覺得自己像回到初學調酒之時，那些光滑的酒瓶摸上去是

那麼溫潤，瓶內佳釀在燈光下晶瑩剔透，打開瓶塞時酒香撲面，令他陶醉。他集中注意力觀察自己的每一個動作，手指觸摸到酒瓶和酒杯，眼睛則在觀察酒色，以及它們在酒杯中的變化，鼻子聞到酒香，耳朵聽着酒液流入杯的聲音，最後他把調好的酒放到唇邊，屏住呼吸，用全身心去感受。

Sean 形容：「那怡人的香醇是我從來沒有品嚐過的，杯子中的雞尾酒歡笑着流進我的喉嚨，我很驚訝那酒的味道，一種喜悅湧上心頭。」此後，Sean 的調酒技藝突飛猛進，不僅成為享負盛名的調酒師，也建立了強大的人格魅力。過去他追逐美女裙下，現在則是女生被他吸引。

自我覺察能夠讓我們停下匆忙的腳步，回到當下，重新聚焦到眼前工作，當我們與跟事物有更深刻的接觸之後，也就可以發揮了自己的個人潛能，以及和人性中的光亮。

自我覺察可以讓我們停下匆忙的腳步，回到當下，回到手頭上的工作，當我們與事物深刻接觸之後，也就釋放出了自己的潛能，以及人性的光亮。

自我覺察對大腦影響深遠

自我覺察，是指覺察當下所發現的一切，包括自己的行為、生理狀態、情緒和想法，最關鍵的一點是「不作出任何取捨和評斷，僅僅留意眼前正在發生的事情」。在自我覺察過程中，我們

既是觀察者，也把自己當作被觀察對象，我們觀察、注視和檢查周圍正在發生的事，包括個人內心的狀態。我們這時是細心的科學家，而非嚴肅冷峻的法官，我們不下評斷、不作議論，包容接納一切，抱着客觀公正的態度審視內心，深入洞察那些自動化的反應模式，逐步清除認知黏連。

有越來越多的研究證實，自我覺察能夠改變人類的大腦結構，讓神經可塑性朝着積極的方向發展。美國威斯康辛大學麥迪遜分校的理查德·戴維森（Richard Davidson）教授發現，每天進行一小時的自我覺察，持續八星期後，會為大腦帶來積極的永久性改變。戴維森的實驗共挑選了四十一名因匆忙而疲憊不堪的人，再分為兩組，一組二十五人每天練習自我覺察，另一組十六人則不進行自我覺察（作為實驗對照組）。四個月之後，每天做自我覺察的人，他們的大腦左側前額葉明顯增厚，變得充滿活力；而對照組的人前額葉卻沒有任何變化，他們依然感到生活壓力重重，精疲力竭。

左側前額葉負責正能量和情緒調節，這個地方越發達，心理學家維克多·弗蘭克所說的「那一片空間」就越寬廣。由於自我覺察對大腦的影響如斯巨大，所以有人把自我覺察比喻為無麻醉、無痛感的腦科手術。

> 左側前額葉負責正能量和情緒調節，這個地方越發達，「那一片空間」就越寬廣。

與此同時，哈佛大學醫學院神經學家莎拉·拉澤爾（Sara Lazar）博士利用核磁共振成像技術發現，長期進行自我覺察練習的人，除了前額葉增厚之外，腦島（Insula）也會隨之增厚。腦島負責注意力、體內覺知力及共情能力，是情商（EQ）的源泉。

　　上述兩項令人欣喜的研究證明，自我覺察可以改變大腦中的神經網絡，讓我們的內心更和諧，心靈更具彈性，也加強了認知和社會適應能力。或許你會問，自我覺察是不是很困難，而且像修行般無聊和枯燥？實際上，它十分簡單，也可以緊密無間地融入我們的生活和工作。誠如克里希拉穆提說：「如果你學著觀察自己，觀察自己走路的姿態，吃東西的方式，談話的內容，如何閒聊、憎恨、嫉妒等，如果你能覺察這所有的一切，而不加揀擇，那就是自我覺察。」(When you learn about yourself, watch yourself, watch the way you walk, how you eat, what you say, the gossip, the hate, the jealousy – if you are aware of all that in yourself, without any choice, that is part of meditation.)

　　舉個例子，你正在秋天布滿落葉的小徑上散步，一陣秋風拂過，你覺察到樹葉被吹得沙沙作響，同時覺察到腳下的積葉柔軟而舒適；看着那些隨風翻滾的落葉，也許你還會覺察到內心有一絲傷感。當然，你也可以覺察到自己的呼吸和心跳，以及胸腹隨呼吸而起伏，甚至覺察到自己下意識的行為，如腦際情不自禁地聯想到一首憂傷的歌。這種不評價、不揀擇，只進行感知的方式，就是自我覺察。自我覺察把注意力放在當下的「感知」上，讓每一刻都變得靈動鮮活起來。

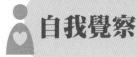

自我覺察對大腦影響深遠

自我覺察

既是觀察者又是觀察對象

覺察當下的一切

- 覺察自己的行為
- 生理狀態
- 情緒和想法

- 不做取捨評判
- 留意當下的事情

客觀公正地審視內心

洞察自動化反應模式

清除認知黏連

6.5 聯繫本心 喚醒真我

　　一八三七年，美國作家梭羅（Henry D. Thoreau）從哈佛大學畢業，回到家鄉馬薩諸塞州的康科德城當中學教師，匆忙於教學工作。之後，梭羅還夥拍其兄弟約翰共同管理康科德城一所私立學校，變得更加忙碌了。到一八四二年，約翰突然病逝，梭羅才發現生命是那麼脆弱，他開始思考為何要那麼忙碌工作，內心到底需要甚麼。

　　約三年後，梭羅在家鄉的瓦爾登湖畔搭建了一間小木屋，獨自生活了兩年。那段時間內，他自耕自給，體驗了簡樸和接近自然的生活方式，同時寫出了超越主義（Transcendentalism）的經典著作、長篇散文《湖濱散記》（*Walden; or, Life in the Woods*，又名《瓦爾登湖》）。

　　梭羅獨居瓦爾登湖畔，讓自己的內心安靜下來，他認真觀察湖泊的細微變化，仔細追蹤草木蟲魚的日常，傾聽鳥雀鳴叫，或者坐看夕陽西下，在不受干擾的孤獨與寂寞中，在不評價、不揀擇的感知世界裏，他叫醒自己，開展了完整的生命之旅。

> 每個人心裏都有自己的瓦爾登湖，
> 那裏才是令自己心安、寧靜的避風港。

其實，每個人心裏都有自己的瓦爾登湖，那裏才是令自己心安、寧靜的避風港，不再追逐人世間各種比較、焦慮，不為各種災難化思想而奔忙。在《湖濱散記》末尾，他寫道：「唯我們覺醒之時，方是黎明。」（Only that day dawns to which we are awake.）

可見，梭羅通過自我覺察，才創作出偉大的非虛構作品。自我覺察是開放地專注，是深情地凝視當下，是與真實的自我同行。其實，自我覺察就是喚醒自己，要做真正的自己，而它的反面則是心智的沉睡、混沌和模糊。譬如——

- 剛剛向你介紹過某人，你轉身就忘記了他的名字。
- 與別人交談時，對方的話還沒說完，你已經想好接下來該說甚麼了。
- 走入廚房，卻忘了進來是為了做甚麼。
- 不知不覺吃了很多食物，撐得腸胃極不舒服。
- 困在堵塞的車龍中，為快要遲到而焦躁。
- 上了一個小時的課，卻幾乎不記得任何細節。

顯而易見，上面這些亦都是匆忙症的症狀。匆忙症對自己所做、所想和所感毫無覺察，每天不是被干擾，就是在魂不守舍和一片雲霧裏度過，從不覺察到大腦如此忙碌：前一秒還在回憶童年，一眨眼又想起昨天還有一件事沒辦完，緊接着，念頭旋即又奔向未來，譬如想到長假期快到了，應該好好籌劃一番。腦海中的念頭不斷閃現，無窮無盡，猶如在一望無際的海洋上漂浮，我們完全跟外界、跟當下的感受、跟內心最深刻的部分，失去了聯繫。

Case #15

容易感到疲乏的 Sally

Sally 向朋友吐苦水，說每天做的事情不多，卻總感到很累，一回家就倒在梳化上，疲憊不堪。她懷疑自己患了隱疾，在醫院做了詳細檢查，結果甚麼事也沒有。雖然鬆了口氣，但她依然容易感到疲乏。Sally 是一家銀行的櫃員，最近該銀行大力推廣數碼化理財服務，她感嘆自己的飯碗可能不保。

朋友問：「會不會是你想得太多，虛耗了精神？」

「沒有，相反我覺得自己比以前更聰明了。」

朋友沉默了一會兒，不太理解她口中的「聰明」有甚麼含意：「你說『聰明』了，是甚麼意思呢？」

「就是腦子轉數變快，反應快！」她說得沒錯，「反應快」是「聰明」的特徵之一，但朋友還是無法確定她所說的「反應快」是指甚麼。Sally 有點不耐煩：「反應快就是反應快，還有甚麼意思？！」

「你說的『反應快』，是不是指你從一個念頭跳到另一個念頭的速度飛快，腦袋好像片刻不停地快轉，聯想到的都是過去的事情和未來的預想。」

「對！就是這樣。」Sally 點頭稱是。

朋友終於明白，Sally 所說的「聰明」，是腦內念頭在過去和未來之間快速往返，即是脫離現實的空轉，在心理學上稱為「思維奔逸」。當大腦一直快速空轉，即使實際上沒有做多少事情，也會損耗大量心力，這或許是 Sally 容易疲勞的原因之一。

過去的事情是自己的編年史，未來的事情是憑空的預測，不斷在過去和未來之間穿梭，當下的時光就會在不知不覺之間溜走，結果顧此失彼，手頭上的工作也未能做好，這或許是 Sally 容易疲勞的又一個原因。

真實的自我不是活在過去和未來，而是活在當下。認知心理學第三浪潮的代表人物喬‧卡巴金（Jon Kabat-Zinn）博士認為，想連接真實的自我，就要停留在此時此刻的感受中，並尊重這些感受，讓它們充分滲入我們，真實的自我就會顯現。美國作家尼爾‧唐納‧沃許（Neale Donald Walsch）在《與神對話》叢書中提出，感受是靈魂的語言，你最高的真實就隱藏在你最深刻的感受之中。學懂感知當下，必然會為內心帶來深刻的改變。

後來，Sally 接受別人的推薦，開始練習瑜伽，結果每天都神清氣爽，精神飽滿。朋友不是太了解瑜伽，但對她身上的變化卻十分驚喜，於是找她問個究竟：「你練瑜伽時，腦內會想些甚麼嗎？」

「甚麼都不想，只是做伸展動作。」

「你有沒有覺得自己的反應變慢了呢？或者說變得不再像從前那麼『聰明』了？」

「我練瑜伽沒有想那麼多，全部注意力都要集中在身體動作上。」當 Sally 把所有注意力都集中在瑜伽動作時，實際上她就停留在此時此刻，不再活在過去和未來。或許可以這樣說，瑜伽是另一種形式的自我覺察，它能打開沉睡、內在一片混沌的身體，讓心靈重新釋放出活力。

6.6 由內而外
全面擊退匆忙症

　　年約三十歲的 Wilkins 是一名電腦工程師，每當駕駛時遇上塞車，他都會焦躁不安，大力按喇叭發洩不滿。後來，心理治療師引導他學習自我覺察，從不斷響唉那一刻開始，倒帶回想，才覺察到自己究竟為何會那麼焦躁。

　　首先，他觀察按喇叭時自己的行為反應：雙手緊抓軚盤，內心充滿了攻擊性，不時爆粗口。同時，他觀察到自己的生理反應：心跳加快、呼吸急促、血液湧向四肢、身體僵硬。緊接着，他觀察到這些行為和生理反應源自一種憤怒的情緒。然後，他覺察到內心情緒十分複雜，表層浮着憤怒，而憤怒下面隱藏着緊張、焦慮和擔心。當他試着去感受這些情緒，而非試圖評價或阻止它們時，他又覺察到更深一層的情緒——悲傷。

　　隨着觀察的深入，Wilkins 終於發現憤怒的源頭，竟然是內心深處潛藏的悲傷。在他的童年時代，那個酗酒的父親經常肆無忌憚地打擊他、貶損他，令他活得毫無尊嚴。

　　憤怒，是一種尖銳的情緒，具有強烈的攻擊性、自衛性。當受到傷害，就會用憤怒來還擊。每一個易怒的人，背後往往都有一些悲傷故事，當這些故事一次次發生，堅硬的傷疤把悲傷封存起來。此後，內心就很難再覺察到悲傷，即使偶爾冒出，也是曇花一現，並旋即被巨大的憤怒淹沒。

我們不想再感到悲傷，所以需要經常維持憤怒。這是本能上的心理防衛機制。雖然這種心理防衛機制可以避免再受傷害，但它保護的往往是可憐、自卑的自我。在重重保護下，人失去了跟內心的聯繫，變得越來越脆弱，也越來越易怒。當 Wilkins 透過自我覺察，找到內心潛藏的悲傷時，他形容：「那種感受是如此痛苦，恍如一劍穿心，但我不想再用憤怒來掩護。當我鼓起勇氣去感受悲傷時，發現那簡直是一種釋放、一種解脫，一種精神上的自由。」

Wilkins 自我覺察過程

一）駕駛遇阻時不斷響唉
二）觀察按喇叭時行為
三）雙手緊抓軚盤，內心充滿攻擊性
四）同時心跳加快，呼吸急促
五）發現心情十分憤怒
六）憤怒背後有焦慮和悲傷
七）悲傷源頭是童年遭遇

匆忙症患者需要像 Wilkins 般藉着自我覺察，倒奏魔曲，回溯當刻情緒的根源，從而發掘內心癥結，方能粉碎心頭頑石，獲得由內而外的改變。

通過自我覺察　活出眞實自己

在前面章節已探討過，在生活和工作中，人們經常採取兩種模式：做事模式和做人模式。

做事模式是把注意力鎖定於外在世界，關注做事的細節、過程和結果；做人模式是探索內心世界，覺察自己的想法、情緒和

欲望。卡巴金教授把前者稱為「作為（doing）」，即你正在做甚麼，而後者則是「成為（being）」，即你正在成為甚麼。

> **做人模式是探索內心世界，**
> **覺察自己的想法、情緒和欲望。**

「作為」這個詞含有積極追逐，渴望有所作為的意思。克里希那穆提說：「一個人如果總想獲取或達成一些甚麼，這種拼命奮鬥的態度，就我來說，它就是人生最大的絆腳石。」因為你正在做，或正在追逐的事情，很可能並不是你生命本身的渴望，而是受到攀比心理、虛榮心及其他原因所驅使，很容易陷入「作為」的陷阱。

「成為」這個詞有「存在」和「成長」的含意，意味着你正在做的事情，是基於你的「存在」，從你的心中自然地「長」出來的，你不必再追逐外在目標，因為「存在」和「成長」本來就是生命目的。

在「作為」模式中，人們忙忙碌碌，不知不覺，當局者迷，不知道自己正在做甚麼或為何要這樣做，只有等做完這件事，或者事情過去很多年，才真正明白自己當初的動機。這種情況很常見，譬如我們很難在二十歲時全盤理解二十歲的心態，只有待我們站在三十歲或四十歲時的高度，才能把二十歲時的心思客觀地看清楚。

同時，由於「作為」模式會把大量精力集中在外面的事情上，這時調動的是刺激驅動型注意力，跟內心的聯繫十分膚淺。在淺層次的緊張、浮躁和焦慮之中，我們聽不見內心深處的聲音，自然無法順暢跟隨命運的節奏，並產生兩種認知扭曲：

一）總覺得跟這個世界不合拍，無法安全地站穩身子，只能不停地擺動身軀、調整姿勢，要不停地忙碌，才不至於倒下；

二）總覺得生不逢時，來到這個世界不是太早，就是太晚，無法在生活中找到最適合自己的位置。

再看「成為」模式，由於它以自己的「存在」為核心，觸及生命內部的諸多層面，能夠在此時此刻覺醒，聽見內心的聲音。換言之，當你在做一件事情時，知道自己為甚麼要這麼做，你做的每一件事都是按照內心節奏，把生命盡情展開。

總括而言，在「作為」模式中，人們很容易陷入迷失和匆忙：一方面忙得不可開交，一方面卻感到空虛和孤獨。美國億萬富翁侯活‧曉治（Howard Hughes）在「作為」模式下忙了一輩子，臨終時才發現自己缺乏歸屬感，可憐、孤獨、絕望。

在「成為」模式中，以自己的「存在」為核心，意味着你做的每一件事情，都是從你的「存在」中誕生出來。你做這些事情，僅僅是因為你發自內心地喜歡，而不是出於攀比和虛榮，而這些事情又證明了你的「存在」。

在「作為」模式中，你做的事情高於一切；
在「成為」模式中，你的「存在」高於一切。
在「作為」模式中，你通過匆忙，把注意力導向外面的世界；
在「成為」模式中，你通過自我覺察，將澆灌出生命的花開。

愛因斯坦曾說：「在同一個層面出現的問題，不能在同一個層面解決，就只能在更高的層面解決。」（The significant problems we face cannot be solved at the same level of thinking we were at when we created them.）匆忙症會帶來諸多問題，包括陷入迷失、容易分心、跟內心脫節、疲勞、失眠、精神倦怠等等，但匆忙衍生的問題，絕不可能在匆忙中解決，只能放到更高的層面處理，這個更高的層面就是自我覺察。

自我覺察，不只是覺察內心的某一部分，而是自己的全部，包括可放在陽光下的想法和情緒，也包括內心深處最「陰暗」的那一部分。尼采說：「其實人跟樹一樣，越是嚮往高處的陽光，它的根就越要伸向黑暗的地底。」完整的生命有「光亮」的部分，也有「黑暗」的部分，兩者不能任意切割，只挑任何一邊，全部「光、暗」感受集合一起，才構成生命。

自我覺察的最關鍵要點，就是不評價、不排斥、不執着、不阻礙，僅是單純地覺察自己的感受，讓一切想法和感覺暢通無阻地從你的身體和心靈流過。當你深刻圓滿地完成自我覺察後，將體會到一種前所未有的自由感、通透感、深入感、完整感及充實感，也能更深刻地理解心理學家卡爾·羅傑斯（Carl Rogers）的名言：「自我，是一切感受的總和。」在自我覺察的過程中，你毋須主動改變甚麼，但一切都已發生改變。

> 自我覺察的最關鍵要點，就是不評價、不排斥、不執着、不阻礙，僅是單純地覺察自己的感受。

匆忙症，抑制了感受的自由，割裂內心的完整，限制自我的疆域，是生命中最大的負資產之一。

自我覺察，是活在當下的藝術，是了解自己的技術，讓我們

可以跟內心最深處的那一部分保持聯繫，幫助我們從混沌、毫無知覺的匆忙狀態中抽身而出。

　　學會自我覺察，我們便能夠把僵化的思維、封閉的內心、機械化的反應全部改變過來，心靈將變得更富彈性和韌性，因為自我覺察可以激發神經可塑性，改變大腦的神經元連接，讓老舊的生命操作系統升級。

　　在新的生命操作系統下，我們真正的生命、願望、野性、潛能、智慧、人性以及創造力，將會全面噴湧而出，從而活出最徹底、最純粹、最真實的自己！

絕大多數香港上班族，平日都習慣了急步而行，當中有多少人是真忙，又有多少人是患了匆忙症而不自知？閱讀完這本書的你，心裏又可有答案？

各章案例索引

釘子心理互助組 著

責任編輯	梁嘉俊
裝幀設計	黃梓茵
排　　版	時　潔
印　　務	劉漢舉

出版　　非凡出版
　　　　香港北角英皇道 499 號北角工業大廈 1 樓 B
　　　　電話：(852) 2137 2338
　　　　傳真：(852) 2713 8202
　　　　電子郵件：info@chunghwabook.com.hk
　　　　網址：http://www.chunghwabook.com.hk

發行　　香港聯合書刊物流有限公司
　　　　香港新界荃灣德士古道 220-248 號荃灣工業中心 16 樓
　　　　電話：(852) 2150 2100
　　　　傳真：(852) 2407 3062
　　　　電子郵件：info@suplogistics.com.hk

印刷　　美雅印刷製本有限公司
　　　　香港觀塘榮業街六號海濱工業大廈四樓 A 室

版次　　2022 年 2 月初版
　　　　©2022 非凡出版

規格　　32 開（210mm x 140mm）
ISBN　　978-988-8760-69-5